Mauvaise mer

Jérôme de Verdière

MAUVAISE MER

Roman

le cherche midi

Vous pouvez consulter notre catalogue général
et l'annonce de nos prochaines parutions sur notre site :
www.cherche-midi.com

92, avenue de France
75013 Paris

Conception graphique : Justine Dupré
Composition : Peter Vogelpoel
Dépôt légal : avril 2024
ISBN 978-2-7491-7787-8

À Valérie, Sandrine et Delphine, mes sœurs.

Ma mère, elle a quelque chose
Quelque chose de dangereuse
Quelque chose d'une allumeuse
Quelque chose d'une emmerdeuse

Dans les yeux de ma mère
Il y a toujours une lumière

Arnold Hintjens, dit Arno.

PROLOGUE

Il a cru que ce jour finirait là où il avait commencé, chez lui, et puis il a compris que ce ne serait pas le cas…

Le vent se lève. En toute discrétion. Le marin n'entend pas les craquements du bateau recouverts par les détonations molles et répétées du moteur. Une relique. Une relique qui tousse en rendant une fumée crasse par l'arrière. L'embarcation avance. Comme d'habitude. Elle se fout des remous marins. Les océans, les mers, les piscines, les aquariums et les baignoires sont des royaumes d'indifférence.

Le bateau se déploie maintenant par saccades. Ce qu'il peut prendre de vitesse dans le dos d'une vague, il le perd aussitôt dans la remontée. L'homme se tient droit à la barre et reçoit dans les bras les coups que le navire prend sur ses flancs. Le vent s'engouffre par les côtés ouverts de la cabine de pilotage. Il charrie des milliers d'embruns. Les poussières de gouttelettes glissent sur le ciré du marin. Terminent leur dégringolade en petite flaque autour de ses pieds bottés. Le bois finira bien par les absorber. Certaines d'entre elles, avant la chute, s'accrochent à sa barbe, qu'il essore de temps en temps du revers de la main.

Il va inspecter le ciel. Parfois les constats ressemblent à des prières… Les nuages s'amoncellent au-dessus de sa tête. Il regarde derrière lui pour voir où est la côte. Elle n'est plus là. Abandonnée deux heures plus tôt, elle a disparu. La mer s'est refermée sur lui.

Il est revenu à son poste. Sent la puissance nouvelle des courants. Ça tape fort dans la coque. De plus en plus fort. L'eau vire au noir… Il regarde droit devant lui. Ne peut plus faire machine arrière. Les marins prétendent que la terre les refoule mais il n'est pas dit non plus que la mer les accueille. Il ne peut plus changer de cap. C'est trop tard.

LE PREMIER JOUR

Elisabeth est assise sur un parapet. Elle porte un ciré jaune. Capuche sur la tête. Ses jambes ballottent dans le vide. La plage est en dessous, à un mètre cinquante environ des semelles de ses bottes en caoutchouc bleu nuit à liseré blanc. Il pleut. Un peu. Le ciel breton a toujours tendance à radoter…

Combien de fois Simone a-t-elle vu sa mère sur ce muret face à l'océan ? Des centaines de fois sans doute. Des milliers peut-être. Elle l'appelle…

« Maman ? »

Quand elle était enfant, elle l'accompagnait souvent. Sans jamais que sa mère le lui demande. Simone s'imposait dans cette contemplation marine et muette. Elisabeth ne prononçait pas un mot. Et la fillette n'osait briser le silence. C'était interdit. Elle le devinait. Elle n'était pas invitée. Elle le sentait. Il fallait se faire discrète. Se faire petite. Ce qui n'est pas difficile quand on mesure un mètre vingt.

« Qu'est-ce que tu regardes ?! »

Simone est grande maintenant. Quelques rides à la commissure des yeux. Elle demeure à la veille d'une beauté qui refuse son éclosion. Plus de trente ans ont passé et c'est la première fois qu'elle ose poser la question à sa mère. Que regarde-t-elle ? Il est temps... Lorsqu'elle était tout juste tolérée sur le parapet, elle ne s'y risquait pas. Elle subodorait l'interrogation déplacée. Après tout, elle connaissait la réponse. C'est la mer que sa mère regardait. Les homophones peuvent vous tomber dessus à l'âge de cinq ans... Regarder l'océan à perte de vue, n'est-ce pas ne rien regarder du tout ? L'horizon est un futur conditionnel dont il faut souvent savoir se passer.

« Maman ! Tu m'entends ?! »

Simone hausse le ton. Mais le son de sa voix se perd dans les airs. Les vagues imposent leur refrain. Le silence de la mer n'existe pas sauf dans les bibliothèques. Ou alors, c'est que sa mère est sourde comme un pot. Ce serait normal à son âge.

Quand la petite ne se lassait pas de cette contemplation du vide sans parole, qu'elle ne retournait pas à la maison en abandonnant sa mère à son muret, c'est Elisabeth qui, après une bonne demi-heure, sortait de sa coquille mentale, prenait la main de Simone avec fermeté et la faisait se lever avec vigueur. Elle disait « On y va! » et il fallait rentrer. C'était un ordre. Cette femme aurait pu être colonelle si elle n'avait pas été secrétaire de mairie.

Un peu après ses dix ans, la petite fille a cessé d'accompagner sa mère sur le parapet. Il faut dire, toutes ces années à se sentir de trop… Elisabeth ne s'en est pas émue. Elle n'avait jamais fait cas de sa présence, elle n'en faisait pas non plus de son absence. Elle perpétuait la tradition en solitaire. Chaque jour ou presque, vers dix-huit heures, été comme hiver, elle allait sur son parapet. Elisabeth savait qu'au retour de sa mère, celle-ci ne dirait rien. Pas même ce genre de considérations plates qui meublent les silences dans les repas de famille et les salons de coiffure.

Ce soir encore, Elisabeth est là, sur le parapet. La pluie ne fait pas d'exception et l'arrose comme n'importe quel mobilier urbain. Simone est postée à quelques mètres derrière elle. Elle voit le dos de sa mère secoué par de légers soubresauts. Ce ne sont pas des sanglots. Elle ne pleure jamais. Cette femme est sèche comme un coup de trique… Ce sont peut-être des frissons. Il commence à faire froid. Elle risque d'attraper la mort. Elle est solide, d'accord, mais il arrive un âge où un mauvais rhume peut vous conduire au cimetière.

« Maman!

— Quoi?! »

Enfin. Le menhir jaune, balayé par le vent mouillé, a ouvert la bouche.

« Qu'est-ce que tu fous?

— Ça ne se voit pas ? J'attends…
— Tu attends quoi ?
— Ton père…
— Papa ?
— Oui, j'attends ton père. Je ne vois pas ce qu'il y a d'extraordinaire à ça ! »

Il arrive aussi un âge où le cerveau peut court-circuiter… Simone va s'asseoir à côté de cette femme qui l'a mise au monde il y a quarante ans.

Un jour, Elisabeth a donné pour mission à sa petite fille d'acheter le pain à la boulangerie de la rue Yves-Collet. C'était à côté de la maison. C'était la première fois qu'elle y allait seule. Comme une grande. La gamine est entrée dans le magasin et a entendu la boulangère, une grosse dame au physique d'oreiller, murmurer à une cliente en la désignant du menton : « Celle-ci, c'est la petite à la revêche… »

Une autre fois, dans le temps toujours, elle a surpris le postier expliquer à un camarade de comptoir qu'il venait « de se fritter avec l'acariâtre de la rue du Kern ». Ça ne laissait que peu de doutes sur l'identité de l'acariâtre. Il n'y avait qu'une maison dans la petite rue du Kern. Celle d'Elisabeth et sa fille unique… Pourtant cet homme des postes était un chic type. Il avait pris pour habitude de donner à Simone les numéros de *Pif Gadget* adressés à un certain Christophe Mangin dont la famille était retournée s'installer en région parisienne sans jamais avoir résilié l'abonnement au magazine…

Un jour encore, en quittant la supérette du coin, dans le sillage de sa mère en colère pour une histoire de bons de réduction périmés, Simone a décodé les paroles sifflées par la caissière, habituellement si douce et si aimable : « Saleté de bonne femme ! »

Et puis il y avait toutes les rumeurs sur Elisabeth qui avaient le parfum de l'aigreur. Les rumeurs que la vie provinciale encourage toujours avec un certain savoir-faire. Et les rumeurs, on le sait, n'écrivent jamais de jolis rôles.

« Tu es sûre que ça va, maman ?

— Ça irait mieux si tu arrêtais de parler. Je n'entends plus les vagues… »

Cette femme de soixante-dix ans évolue-t-elle à présent dans un monde parallèle ? Parallèle et imperméable.

« Ne me regarde pas avec ces yeux de mérou ! Il y a quoi devant nous ?

— La mer…

— Et ça produit quoi la mer ?

— Des vagues…

— Voilà ! Alors laisse-moi écouter les vagues… »

Simone regarde sa mère avec circonspection. C'est comme si elle voulait la ramener sur la terre ferme. Le plancher des vaches. Qu'on appelle aussi la raison.

« En quoi est-ce important d'écouter le bruit des vagues ?

— Ce n'est pas du bruit, c'est du son… Ta voix de crécelle, c'est du bruit. Tu as toujours eu un timbre fort désagréable. Tandis qu'une vague, elle, émet du son. Un son agréable à écouter. Alors si tu pouvais la fermer que j'en profite un peu, ça m'arrangerait ! »

Simone ne se vexe pas. Ne se vexe plus. Elle a l'habitude d'être rabrouée par sa génitrice…

« Ta génitrice », c'est comme ça que Sophie l'appelle. « Tu es beaucoup trop gentille avec ta génitrice ! » Depuis que sa meilleure amie a, elle aussi, essuyé les remarques assassines d'Elisabeth, elle ne veut plus remettre les pieds rue du Kern. « Ta génitrice est un cerbère, un démon du quotidien, je ne cautionne pas… » Désormais, lorsque les deux amies se voient, c'est loin de chez Simone, souvent à L'Embarcadère, la grande brasserie du coin.

« Maman, tu te rends compte du ridicule de la situation ?

— Ah parce que tu trouves ça ridicule de regarder l'océan en attendant son mari ?

— Tu plaisantes, là ? »

Non, Elisabeth ne plaisante pas. Elle ne plaisante jamais. La dernière fois qu'Elisabeth a ri, c'était à la mort du chien des Guilloux. Le berger australien a été renversé par un camion de livraison à l'angle de la rue du Kern et de la rue de l'Amiral-Lemonnier. Un rire méchant. « Ça leur apprendra à ne pas tenir leur clébard en laisse ! Et puis maintenant, au moins, cette sale bête ne va plus uriner sur mes haies… »

L'état de santé mentale de sa mère inquiète Simone. « Elle est folle, non ? » a-t-elle demandé à Sophie, qui est infirmière au centre hospitalier de Saint-Brieuc. « Ta mère n'est pas folle, elle est odieuse ! Son unique charité consiste à ne pas se haïr elle-même… » Et si c'était un début d'Alzheimer ? « Je ne pense pas… Même dépourvue de mémoire, ta mère n'oublierait pas d'être méchante ! »

« Enfin, maman, tu sais bien que papa ne reviendra pas !

— Et pourquoi ça ? »

Sophie a pu se tromper. Après tout, elle n'est pas médecin. Et elle n'exerce pas en gériatrie. Elle est en pneumologie…

« Tu as conscience qu'on est en train de parler de papa, là ?!

— Oui ! J'attends de voir revenir ton père en bateau… Et alors ? Ça te défrise ?!

— Oui, ça me défrise !

— Tant mieux ! Parce que les cheveux frisés, ça ne te va pas ! Les cheveux lisses non plus d'ailleurs… En fait, ce sont les cheveux en général qui ne te vont pas ! »

Simone se souvient de ses larmes contenues lorsque sa mère la brossait avant d'aller à l'école. L'impression de se faire arracher la peau du crâne. Un scalp. Et Elisabeth qui s'agaçait, soupirait… Pourquoi le bon Dieu avait-il affublé sa fille d'une tignasse pareille ?!

Simone en a assez. Elle se lève. S'apprête à partir. Sa mère lève les yeux vers elle. Regard hautain. Moue dubitative…

Si Sophie était là, elle traînerait la vieille sur toute la plage. Face contre terre. Si elle ne l'étouffait pas avant dans le sable, elle la noierait dans l'océan. On imagine les titres dans *Ouest-France*. « Une infirmière de Saint-Brieuc tue sauvagement la mère de sa meilleure amie. » Et puis des émissions de télévision, plus tard, reviendraient sur ce fait divers dont la singularité lui aurait assuré une popularité bien au-delà de l'Armorique. Témoignage filmé dans la pénombre du mari de Sophie. « Ma femme était si gentille. Je ne comprends pas… » Et ses collègues à l'hôpital, face caméra. « Tous ses patients l'adoraient. Une fille sérieuse et attentionnée... » Peut-être même la nouvelle boulangère de la rue Yves-Collet. « Quand je pense que ça s'est passé à quelques mètres d'ici... On est encore sous le choc. C'est vrai que la vieille dame n'était pas très sympathique mais quand même... » Il y aurait de la musique qui fait peur. Et le commentaire appliqué du journaliste qui va avec. « Alors qu'est-ce qui a poussé Sophie Morvan à commettre l'irréparable ? C'est ce que nous allons tenter de comprendre dans ce nouveau numéro intitulé "Le Mystère de l'infirmière diabolique..." »

Simone n'a jamais eu envie de tuer sa mère. La faire taire en revanche... Parfois elle se prend, si ce n'est à espérer, tout du moins à envisager qu'un AVC lui coupe sa langue de vipère. Pourtant elle vit avec elle pour le lui éviter, l'AVC, justement. La vie est pleine de paradoxes. Il faut s'y faire.

« Ma fille, tu devrais parler à ton père, ça te ferait le plus grand bien.

— C'est sûr que j'en aurais des choses à lui dire... Sauf que ce n'est pas possible.

— Ce que tu peux être défaitiste...

— Tu sais bien que papa ne va pas surgir d'un coup avec son bateau ?

— Pourquoi pas ?

— Mais enfin ! maman ! »

À l'école primaire Marcellin-Berthelot, Simone était fière d'inscrire « marin-pêcheur » dans la case « profession du père » sur les petites fiches que les institutrices distribuaient au début de chaque année scolaire. Pour la gamine, marin-pêcheur, c'était comme aventurier. L'homme part loin sur son embarcation combattre des créatures océaniques et chercher des trésors enfouis au fond des mers... Et puis elle a réalisé. Elle a réalisé que son père n'avait jamais combattu que des merlans. Et que pour tout trésor, il n'avait ramené que des cabillauds. Une épopée ne se termine jamais au fond d'un bac de congélateur...

Elle se rappelle aussi que la mention du métier paternel engendrait toujours un regard de pitié des professeurs. Une fois entrée au collège Saint-Exupéry, Saint-Ex comme on disait et comme on le dit peut-être encore, elle a laissé la case vide. C'était mieux comme ça...

« Maman...

— Quoi encore ?!

— On est en quelle année ?

— 2016.

— Papa est parti en 81...

— Je sais bien que ton père est parti en 81 ! Lundi 11 mai 81. Le lendemain de l'élection de Mit'rand ! Il n'y a pas un jour sans que j'y pense. Quelle crapule !

— Ne parle pas de papa comme ça...

— Ce n'est pas de ton père que je parle, c'est de Mit'rand !

— On ne dit pas Mit'rand, on dit Mitterrand.

— Mit'rand, ça lui va mieux. Il y a mite dedans. Ton Mit'rand, c'était une mite, un cafard, un nuisible !

— Pourquoi *mon* Mitterrand ? J'avais cinq ans quand il a été élu. C'est un peu tôt pour coller des affiches, tu ne crois pas ? »

D'où venait cette haine maternelle pour François Mitterrand? Simone l'ignore encore. Elisabeth a-t-elle cru comme beaucoup que les chars soviétiques allaient défiler sur les Champs-Élysées, une fois le socialiste élu? Et qu'ils poursuivraient leur route jusqu'en Bretagne? Cette antimitterrandiste primaire n'a pourtant jamais été spécialement de droite. Ni de gauche d'ailleurs… Le maire, celui pour lequel elle a travaillé quasiment toute sa vie, était sans étiquette. Un con, d'après elle. Comme tous les autres. Elle n'aimait pas les hommes politiques. Et les femmes encore moins. « Elle ferait mieux de s'occuper de ses gosses, celle-là, au lieu de parader à l'Assemblée nationale! » Seule Simone Veil trouvait grâce à ses yeux. « Une femme droite et bien coiffée… Tu as vu ça? Il n'y a pas un cheveu qui dépasse… » Un jour, sa fille lui a demandé la raison de cette admiration. Ça ne pouvait pas être que son chignon impeccable… Elisabeth l'a regardée, sourire au coin des lèvres, et lui a dit : « Pour le droit à l'avortement… Dommage, c'est passé juste après ta naissance… » Ce jour-là, Simone a pleuré. Et sa mère s'est excusée. À sa façon. « Excuse-moi… C'était une blague… Et arrête de chouiner! »

« J'ai jamais pu le blairer, Mit'rand… Jamais!

— Je crois de toute façon que tu es incapable de bons sentiments…

— Allons bon! Tu parles comme un curé maintenant! Les bons sentiments, je vais te dire ce que c'est, je vais t'ouvrir les yeux… Dans tout sentiment, il y a l'embryon du sentiment opposé. Dans la timidité d'une jeune fille, par exemple, il y a un fond d'orgueil et de vanité…

— Je ne vois pas le rapport…

— Je vais te le dire, le rapport, je vais te le dire ! Dans ton apparente générosité, il y a une fierté mal placée… La fanfaronnade des vertueux !

— Tu fais diversion, maman… Tu n'as jamais aimé personne !

— Si ! J'ai aimé un homme. Ton père… Et je l'aime encore. Dès qu'il rentre, je lui dis que je l'aime.

— N'importe quoi…

— C'est sûr que toi, les histoires d'amour, tu ne sais pas ce que c'est… L'amour, c'est comme les cheveux, tu as été mal servie le jour de la distribution des gamelles !

— Papa est parti en 81 à bord de son bateau pour aider un autre bateau en perdition. Et nous sommes en 2016 ! Trente-cinq ans, c'est long pour un sauvetage !

— Encore ton défaitisme… Ça aussi, je vais le dire à ton père dès qu'il rentre. Et crois-moi, il va te mettre une bonne paire de claques ! Il déteste les gens dans ton genre. Ce n'est pas pour rien qu'en plus d'être marin-pêcheur, il est sauveteur en mer. Il va te dire, comme il me l'a dit des milliers de fois, tant qu'il y a de la vie, il y a de l'espoir !

— Papa est mort, maman ! Il est mort ! »

Simone avait cinq ans quand son père s'en est allé. Il ne lui reste pas beaucoup de souvenirs des jours qui ont suivi sa disparition. Une chose est sûre, sa mère n'a pas pleuré. Ou alors dans son coin. Et comme son coin était aussi celui de sa fille, elle s'en serait aperçue…

Lui revient de cette période un curieux cocktail de moments agités, brutaux, et d'autres calmes et lourds. Quand il n'y avait plus que sa mère et elle qui respiraient dans la maison, c'est qu'elles étaient dans l'œil du cyclone. Le calme à l'intérieur, la tempête tout autour… Et puis les portes, jusqu'ici fermées, s'ouvraient en grand. La maison, sanctuaire de pierres jaunes, grises et blanches, devenait un moulin. Les gens entraient, partaient, revenaient… Quand elles étaient seules, elles ne disaient pas un mot. Et puis des sonneries de téléphone, des éclats de voix, des talons qui claquaient sur le sol carrelé venaient briser le silence. Le remue-ménage durait quelques minutes. Quelques heures… Et à nouveau, on n'entendait plus que leurs deux respirations.

Simone, déjà, n'osait pas poser de questions. Sa mère faisait comme si elle n'existait pas. Elle ne pouvait pourtant pas l'ignorer. La petite était collée à sa mère. Si elle avait pu se mettre en boule et s'enfouir dans une poche maternelle, elle l'aurait fait. Elle aurait attendu. Là. Au chaud… La femme du disparu ne rassurait pas l'enfant. C'était pourtant auprès d'elle que la gamine cherchait une forme de sécurité.

Simone se devinait encombrante. Avoir une mioche de cinq ans agrippée à son pantalon, c'est agaçant. Elisabeth avait d'autres chats à fouetter. Son mari venait de disparaître… Alors elle déposait l'enfant dans sa chambre. Comme un objet. Pas besoin de lui intimer l'ordre d'y rester. Elle ne bougeait plus. Jusqu'à ce que sa mère ouvre la porte. C'était le signal. On la libérait. La fillette avançait petit à petit vers Elisabeth. Et, doucement, s'y amarrait à nouveau.

Il y avait aussi les visites des hommes en uniforme. La police maritime. Quand la veuve au conditionnel les voyait débarquer, elle se composait un masque plus dur encore que d'habitude.

Des policiers à la maison… Simone en vint à se demander si sa mère n'avait pas commis quelque chose de grave. De mal. Ces types ne rigolaient pas… Qu'allait-elle devenir si on jetait sa mère en prison ? À qui serait-elle confiée ? Elle n'avait pas de grands-parents. Ils étaient morts avant sa naissance. Elisabeth était fille unique. Quant à son père, il n'avait qu'un frère avec qui il était brouillé. Une affaire d'héritage, disait-on… Simone comprit plus tard que l'homme barbu qui se tenait à distance le jour de la pseudo-cérémonie funéraire du père, c'était lui. Le frère. Un fantôme. On ne le revit plus jamais…

Lors de la dernière visite des policiers de la mer, Elisabeth a décroché sa fille de ses basques. Elle l'a conduite dans sa chambre en oubliant de fermer la porte. Simone zieutait dans l'embrasure… Sa mère servait le café. Les hommes étaient assis autour de la table de la salle à manger. Silence peuplé de sons ménagers. Cuillers qui touillent. Tasses qu'on soulève de la toile cirée qui a tendance à coller la vaisselle. Déglutitions… Après avoir bu quelques gorgées, celui qui devait être le chef a dit : « Je suis désolé, madame, mais on va arrêter les recherches. Ça fait maintenant cinq jours et on n'a rien retrouvé. Il faut se faire une raison… » Puis ils se sont levés. Pieds de chaises qui crissent sur les carreaux… Elisabeth, sans avoir dit un mot, les a raccompagnés à la porte d'entrée. Le chef, le seul manifestement autorisé à parler, était face à elle. Il avait de grosses moustaches et des petits yeux noirs luisants. On aurait dit un phoque. En apercevant la petite par-dessus l'épaule de sa mère les espionner depuis sa chambre, il a dit : « Vous avez là une bien jolie petite fille… Au revoir, madame. » Et puis, lui et sa bande sont partis… Elisabeth est restée quelques secondes face à la porte de la maison refermée. Simone a avancé dans le couloir. Sa mère s'est retournée. Lui est passée devant. Sans un mot. Sans un regard… L'enfant devant une porte fermée.

Trente-cinq ans plus tard, Simone est toujours devant une porte fermée. À double tour. Porte habillée d'un ciré jaune.

« Allez, maman, on rentre. Il commence vraiment à faire froid… Tu viens ?

— Je reste encore un peu. Tu n'as qu'à rentrer, toi…

— D'accord mais ne tarde pas trop. Il va bientôt faire nuit. »

Sa fille est déjà dans la maison quand Elisabeth, seule, le regard toujours en direction d'un horizon bête, marmonne : « Décidément, Robert, la ponctualité n'aura jamais été ta principale qualité… »

Les volets de la cuisine réveillent Simone. Ce sont ceux qu'on ne ferme jamais. Ils battent à un rythme désordonné. Il n'est pas encore minuit et les bourrasques balayent les herbes folles en bord de plage avant de venir frapper, cogner, tabasser les maisons des alentours. Simone déteste ça. Ce qui est idiot pour une Bretonne…

Elle sort de son lit. Va dans la cuisine. En l'ouvrant, elle manque de se prendre la fenêtre dans la tête. Le vent encore. Le vent toujours. Elle se penche pour attraper les volets. Souffle coupé. La pluie qui accompagne le mouvement lui bat le front. Elle plisse les yeux pour éviter que les gouttes ne lui brouillent la vue. Les volets lui échappent. Ils sont ballottés par les airs dans une valse folle à mille temps. Elle s'y reprend à deux fois pour les attraper et les ramener à elle. Parvient, non sans mal, sur la pointe des pieds, à les bloquer à l'aide du loquet. Elle referme la fenêtre rendue moins capricieuse. Et elle souffle dans le noir.

La lumière la fait sursauter. C'est sa mère qui a actionné l'interrupteur…

« Qu'est-ce que tu fiches ?

— Je suis venue fermer les volets. Ils battaient. Ça m'empêchait de dormir. »

Elisabeth ouvre un placard et se sert un verre d'eau.

« C'est la tempête.

— Merci, j'avais remarqué… Je n'aime pas ça. »

La mère hausse les épaules.

« Pas besoin d'en faire toute une histoire ! Pour une fille qui a deux parents bretons pur beurre… On dit que l'hérédité est la seule loi que nous ne sachions frauder et pourtant… »

Les poutres craquent. L'océan, à deux cents mètres de là, fait un bruit épouvantable. Son de turbine. Un réacteur chamboule-tout en profondeur. On devine, à l'oreille, l'enfer sous-marin.

Simone n'a aucun souvenir de cette journée où son père a pris la mer pour porter secours à un marin en mauvaise posture. Qu'est-il devenu, d'ailleurs, ce marin ? Elle n'en sait rien…

La nuit où son père a été absorbé par l'océan devait ressembler à celle-là. L'homme impuissant. Son corps englouti. Dans le noir en mouvement. C'est sans doute pour ça qu'elle déteste ces climats… Comment fait sa mère pour n'être pas effrayée ?

« Arrête de trembler comme une feuille, Simone !
— Je ne tremble pas… C'est juste qu'à chaque fois, ça me rappelle le jour où papa…
— Va te coucher, ma fille, ça vaudra mieux. Tu risques de dire des bêtises… »
Elle n'insiste pas. Dit bonsoir à sa mère et retourne dans sa chambre. Quand elle éteint la lumière, elle l'entend traîner les pieds jusqu'à son lit.

LE DEUXIÈME JOUR

Simone ne croit ni au bonheur ni au malheur. Elle ne croit qu'à la joie et à la tristesse. Ce matin, elle se sent joyeuse. Sans savoir vraiment pourquoi. Nul besoin de se poser la question. Cet équilibre fragile se satisfait très bien d'une forme d'ignorance.

Il fait beau aujourd'hui. De quoi alimenter la légende que servent les Bretons aux touristes circonspects, il fait toujours beau en Bretagne… C'est faux bien entendu. Et alors ? Les bols avec les prénoms écrits dessus sont fabriqués à Porto, pas à Pornic. Est-ce que ça empêche les vacanciers de ramener chez eux ces souvenirs en masse ? Non, donc…

Pour célébrer cette journée clémente, Simone a décidé de porter sa robe longue trapèze à imprimés bleus. Celle qui lui va si bien d'après Sophie. Celle aussi qui a déclenché les sarcasmes de sa mère la première fois qu'elle l'a portée. « Qu'est-ce que c'est que cette tenue? Tu habites en Bretagne, pas à Saint-Tropez! Et puis franchement, n'est pas Brigitte Bardot qui veut! Tu devrais aller te changer... » Elle n'est pas allée se changer.

Elle dispose les tartines, le beurre et la confiture à leur place. Verse l'eau bouillante dans la théière. Sifflote l'air d'une chanson dont elle ne se rappelle ni les paroles ni l'interprète.

Elisabeth fait son entrée dans la cuisine... Mine de papier mâché. Épaules si basses que sa chemise de nuit balaye le sol. Aux pieds, elle a des chaussons floqués *Hôtel Normandy*. Souvenir d'un week-end surprise à Deauville il y a cinq ans... Simone avait dépensé un demi-mois de salaire pour les soixante-cinq ans de sa mère. En retour, elle avait eu droit à : « Tu n'es pas un peu folle de jeter ton argent par les fenêtres! Ça m'aurait fait bien plus plaisir que tu investisses dans une nouvelle chaudière... » Avant de quitter le palace, Elisabeth avait mis dans sa valise les échantillons de shampoing et les petits savons de l'hôtel. Les chaussons aussi. « C'est toujours ça de pris! » Pendant ce séjour normand, les manières d'Elisabeth avaient trahi sa classe sociale. Il y avait à la fois un étonnement et un dégoût à se retrouver là. À leur arrivée, quand un groom avait proposé de porter leurs valises, elle avait dit, en les lui retirant des mains : « On va se débrouiller, on n'est pas manchotes! Et puis au prix que ça doit coûter, merci bien! » Simone avait eu honte...

Enfant, à l'école, elle taisait ses origines. Pourtant largement partagées par ses congénères. Elle préférait que ses copines ne viennent pas chez elle. Surtout quand elles étaient issues d'un milieu plus bourgeois. La bourgeoisie n'apporte pas que de l'argent. Elle apporte aussi un savoir-vivre, une esthétique, de la belle musique et des livres. C'était beau dans ces familles-là. Chez elle, tout lui semblait petit et moche…

Il lui est arrivé de mentir. Son père n'était plus de ce monde. C'était facile de lui inventer une biographie… Elle avait dit à Sybille Arnault, une nouvelle toujours tirée à quatre épingles, qu'il était armateur. Ce n'était pas très loin de marin-pêcheur après tout…

Sur le marché, avec sa mère, elle avait croisé Sybille. La petite était avec ses parents. Ils étaient chics et souriants. Simone avait fait un détour pour ne pas avoir à leur parler. Elisabeth avait compris le manège. « Tu as honte de moi devant les parents de ta copine, c'est ça ? Tu ne devrais pas… Surtout qu'à mon avis, ils n'ont pas dû le gagner honnêtement, leur argent ! On les connaît, ces gens-là… »

« Bonjour, maman ! »

Simone se dit que sa bonne humeur pourrait, par contamination, se propager dans le corps osseux de sa mère. Un corps qui occupe une chemise de nuit vague et terne. Elle ressemble à un bambou sec perdu dans du tissu. Une statue de Giacometti en cotonnade. Un modèle de Schiele.

« Tu as bien dormi ? »

Elisabeth ne répond rien. Elle s'installe devant sa tasse et ses tranches de pain.

« Je te sers un thé ? »

Regard glauque sur la théière.

« Je ne veux pas de ta pisse de cheval…

— Ma pisse de cheval ?

— Tous les matins, tu me proposes ta pisse de cheval. Si tous les matins, je te réponds que je préfère un café, c'est peut-être tout simplement parce que je n'aime pas le thé et que je n'ai jamais aimé le thé ! Évidemment, pour savoir ça, il faudrait que tu me connaisses. Que tu aies fait un tout petit peu attention à moi ! »

L'idée d'ébouillanter sa mère traverse l'esprit de Simone.

« Ce que je connais bien, c'est ton mauvais caractère. Et ton mauvais caractère, c'est comme ton désamour du thé, ça dure depuis toujours ! »

Elisabeth daigne enfin lever un œil sur sa fille. Elle se compose un sourire faux. Se pare d'une voix doucereuse. Factice elle aussi.

« Ma chérie, je peux aller prendre mon petit déjeuner ailleurs si tu le souhaites. Et peut-être même vivre ailleurs… Je sais qu'ici on est chez moi mais je sens bien que je te gêne…

— T'es chiante, maman !

— Tu vois bien que tu ne peux plus me supporter…

— Arrête ! »

Simone n'a pas toujours vécu chez sa mère. Il y a d'abord eu les années fac. Deux ans de lettres à l'université de Rennes. « Comme s'il y avait besoin d'avoir lu tout Balzac pour être secrétaire ! » avait dit Elisabeth. Puis il y a eu Paris…

En province, on dit « partir pour Paris ». Comme si la capitale était une étape obligatoire. On reviendra plus tard.

Ou on ne reviendra jamais. On aura été happé par la réussite. Peut-être qu'on dénigrera nos racines… Les provinciaux ont un rapport ambigu au départ de leurs jeunes à Paris. Mélange de fierté et de dédain. On espère qu'ils reviennent. Mais si c'est le cas, c'est qu'ils n'auront pas été assez forts. Paris les aura vomis. Alors on aura honte.

Simone logeait dans une chambre de bonne du seizième. Avenue Théophile-Gautier. Elle aimait les grands axes bordés de platanes de cet arrondissement. Les immeubles haussmanniens massifs, loin de lui faire peur, au contraire, la rassuraient. Les autres, d'inspiration Art nouveau, souvent signés Hector Guimard, avec leurs ornements baroques, la mettaient en joie. Elle ne rentrait jamais dans ces grands appartements. Mais le soir, quand ils étaient éclairés, elle y devinait une vie bourgeoise. Une vie paisible. Elle songeait aux filles de son âge qui y vivaient depuis toujours. Celles qui négociaient avec leur père, assis dans un fauteuil Louis-Philippe, vêtu d'un pantalon de toile, d'un polo Lacoste et d'un chandail en cachemire sur les épaules, la permission de rentrer de leur rallye à une heure du matin. Après avoir mollement protesté, l'homme acceptait. Par paresse. Pour se replonger dans la lecture d'un article du *Figaro Magazine* sur la nouvelle droite incarnée par Madelin, Léotard et Longuet. Le père aimait beaucoup Madelin et Longuet. Il se méfiait plus de Léotard. À cause de son frère. L'artiste. Le drogué… Parfois Simone voyait sortir ces jeunes filles par les lourdes portes cochères. Elles étaient toutes jolies. Ou se débrouillaient pour le paraître. Toujours bien habillées aussi. Les petites en robes Bonpoint qu'on avait pu voir au square Claude-Debussy avaient grandi. Maintenant elles portaient des jupes courtes ou des pantalons. Les mêmes qu'Inès de La Fressange en couverture de *Elle*. L'hiver, elles avaient une doudoune Chevignon avec le canard dans le dos. La vie semblait facile pour elles... Simone se sentait transparente avec son pauvre sweat-shirt Poivre Blanc. Elle n'avait pas de canard dans le dos. D'ailleurs aucune de ces filles ne faisait attention à elle quand elles la croisaient.

Simone était au Centre de formation des libraires. Après en avoir lu des centaines, à partir de ses douze-treize ans, elle se destinait à vendre des livres. Sa mère était dubitative. « Que ce soit des livres ou des choux-fleurs, c'est pareil... Pas besoin de faire des études pour ça ! »

Un an après son installation à Paris, elle avait validé sa formation. Mais aucune librairie parisienne ne voulait d'elle. On lui conseillait de postuler à la Fnac. Ce qu'elle fit. Et atterrit au rayon... disques. Pendant quelques mois, elle n'eut aucun livre dans les mains. Seulement les CD des Cranberries et de Mylène Farmer. Un jour, devant la moue d'un jeune homme qui cherchait le disque de Ludwig Von 88 qu'elle orienta au rayon musique classique, elle comprit qu'elle avait fait son temps à la Fnac des Ternes...

Simone a quitté sa chambre de bonne. Elle n'avait qu'une valise à faire. Il fallait repartir. À la hâte. Elle n'avait pas d'économies.

Les retours à la case départ ont le goût de l'échec. Elle avait aimé Paris. Aimé cette ville. Cette vie. Pourtant, elle ne l'avait que frôlée. N'avait jamais été vraiment conviée au festin. S'était à peine approchée de la table. Les capitales ne s'offrent pas à ceux qui viennent d'ailleurs. Il faut les embrasser sans leur demander leur avis. Faire sa place comme une brute. N'aimer qu'elles. Voilà pourquoi il n'y a pas plus parisien qu'un Parisien d'adoption. Simone n'avait pas ce caractère. Elle n'était pas du genre à marcher sur la pointe des pieds mais n'avait pas non plus l'âme d'un mercenaire.

Quand elle est sortie de son TGV à la gare de Quimper, Elisabeth l'attendait sur le quai. « Je t'avais pourtant prévenue que ça ne servait à rien d'aller à Paris ! »

Les quelques semaines qui suivirent furent difficiles. Il fallait s'acclimater. Le ciel breton ouvert à toutes les intempéries. À Paris, il y a si souvent des toits au-dessus des têtes qu'on finit par ne plus se rendre compte des précipitations. En Bretagne, la pluie, on s'y fait. Bien obligés. On vit dehors. À Paris, elle indiffère… Il a fallu plusieurs jours pour que l'œil de Simone refasse le point sur sa géographie natale armoricaine. Les baies étroites et profondes. Le bocage et ses haies. La lande à bruyère. Les murs de granit et les toits d'ardoise. Le gris, le blanc et le jaune des maisons. Le bleu des volets. Il fallait aussi retrouver les bourrasques des côtes. L'ennui des rues. Et le souvenir d'un père qu'elle n'avait presque pas connu.

Simone loua un petit deux-pièces à plusieurs kilomètres de chez sa mère. Elle devait s'éloigner. Elisabeth s'était mis en tête de la faire embaucher au Carrefour de la place du Général-de-Gaulle… Heureusement, Colette Tanguy, la patronne de La Bouteille à l'encre, une librairie-papeterie-maison de la presse, cherchait une vendeuse. Une occasion en or. Ce n'était pas loin de chez elle…

Quelques années après, Simone a racheté son fonds de commerce à Colette. Les stylos quatre couleurs, les gommes et les mots fléchés ont laissé la place aux seuls livres. Elle était enfin libraire. Enfin maîtresse de son destin…

Elisabeth lui prédisait la faillite. « Personne ne lit ici ! » Il n'en fut rien. La librairie marche bien. Simone n'est pas riche bien sûr. Mais elle gagne correctement sa vie.

Et puis il y a eu ce moment où elle a choisi de se réinstaller chez sa mère. C'était il y a un an. Il le fallait. Elisabeth l'inquiétait de plus en plus. L'aigreur prolifère sur la solitude. Comme une bactérie sur une terre abandonnée.

« Le mieux, c'est que je m'en aille… De toute façon, je n'en ai plus pour longtemps.

— C'est fini, oui ?!

— Bientôt, ma fille, bientôt… C'est bientôt fini. Je n'en ai plus que pour quelques mois.

— Assez !

— Tu as raison, c'est assez. J'ai fait mon temps ici. Il vaut mieux que je parte… Je vais faire mon baluchon… Ce sera vite fait. À mon âge, on se contente de peu. On a besoin de trois fois rien. Des pantoufles, une chemise de nuit et puis voilà… Ça tombe bien, j'ai tout sur moi ! »

Elisabeth se lève en poussant un râle de douleur. Le mal de dos dont sa fille doute sérieusement.

« J'en ai marre, maman…

— Je sais, ma fille, je sais… Tu en as marre de ta mère ! C'est pour ça que la meilleure solution, c'est que je parte… Mais où aller ? L'hôpital de jour peut-être ? Tu aurais une adresse à me conseiller ? Ta copine infirmière, l'autre imbécile, elle doit bien avoir ça, non ? »

Simone a écouté sa mère en s'efforçant de ne rien laisser paraître.

« Avant d'aller mourir dans un coin, finis au moins ton café ! »

Elisabeth jauge son adversaire. On dirait qu'elle attend que celle-ci se jette à ses pieds. La supplie de rester… Comme rien ne se passe, elle se rassoit sans un mot.

Simone, tout en fixant sa mère, tartine mécaniquement de beurre une tranche de pain et la lui tend.

« C'est gentil… Je t'avoue que ça m'ennuyait un peu de mourir le ventre vide.

— Bon appétit ! »

Elisabeth dévore. Comme si elle n'avait pas mangé depuis des jours. Simone met dans l'évier sa tasse de thé qu'elle vient de vider quasiment d'une traite.

« Et toi, ma fille, tu n'as pas faim ? »

Le ton est mielleux. Tout sonne faux dans cette phrase. C'est ce qu'aurait dit Nicolas, le professeur de théâtre de La Morlaix, Elisabeth joue faux.

Nicolas… Simone a eu une histoire avec lui l'année dernière. Ça a duré quelques semaines. Puis il lui a dit que leur relation posait problème « au regard du projet artistique ». Sans lui préciser bien sûr, mais elle l'avait deviné, qu'il venait d'entamer une liaison avec Mélanie, l'étudiante en BTS tourisme de vingt et un ans du groupe théâtre. La pauvre jolie fille ambitionnait de faire carrière dans le spectacle vivant. Elle avait confondu le cours associatif amateur de La Morlaix avec le conservatoire national…

Le jour de leur rupture, Simone avait dit à Nicolas : « Cette fois, c'est toi qui joues faux. » Il était vexé comme un pou. Il savait que la remarque valait autant pour son excuse minable que son interprétation ce jour-là. Les comédiens jouent tout le temps. S'ils n'aiment pas qu'on leur dise qu'ils sont mauvais sur scène, ils n'aiment pas non plus qu'on leur fasse remarquer qu'ils sont mauvais dans la vie. Un comédien voudrait jouer la comédie tout le temps sans jamais que personne s'en aperçoive.

« Et tu ne veux pas bavarder un petit peu avec ta mère ?

— On ne peut pas avoir de conversation avec toi, maman ! Avec toi, on ne discute pas, on s'engueule ! Et puis je suis en retard. Je te rappelle que j'ai un métier… »

Simone regarde sa mère engouffrer sa tartine. Ça la dégoûte un peu…

« Il faut que je gagne notre pain quotidien et le beurre qui va avec ! »

Elisabeth finit tranquillement sa bouchée…

« C'est ça, ma fille, va vendre tes petits livres… »

Les livres de Simone ne peuvent être que petits. Des petits livres, une petite vie. Quand on demande à Elisabeth ce que fait sa fille, elle répond qu'elle est vendeuse. Jamais libraire.

Simone enfile sa veste dans l'entrée. Attrape ses clés de voiture. Met son téléphone portable dans son sac… Elisabeth hausse la voix.

« Je peux travailler, tu sais. Ça se fait beaucoup maintenant, paraît-il, chez les séniors. J'ai lu ça dans un magazine chez le coiffeur. On doit bien pouvoir trouver quelque chose pour une vieille femme comme moi, non ? C'est vrai que je n'ai plus toute ma mobilité mais… »

Simone passe une tête dans la cuisine…

« Tu parles ! Tu nous enterreras tous !

— Je sais ce que je pourrais faire… Cobaye ! Cobaye pour laboratoire pharmaceutique. Ce serait parfait, tu ne trouves pas ? »

Simone lève les yeux au ciel et va parfaire sa mise dans le miroir de l'entrée.

« Dans tous les cas, tu serais gagnante. Soit je supporte les doses et ça te rapporte de l'argent. Soit je ne supporte pas et tu seras débarrassée de moi.

— C'est une bonne idée, ça, cobaye… Et tu leur diras bien que s'ils ont un médicament contre la méchanceté, ils n'hésitent pas à te le faire tester en priorité. Et qu'ils ne lésinent pas sur les doses ! Allez, bonne journée, maman ! »

Là-dessus, Simone file en vitesse… Le « Petite peste ! » lancé par Elisabeth vient mourir sur le seuil de la porte de la maison que sa fille vient de claquer.

Assise au volant de sa voiture, Simone souffle avant de démarrer le moteur. Séance de méditation derrière le pare-brise. A-t-elle eu raison de revenir auprès de sa mère ? Que serait-elle devenue si elle était restée seule ? Simone avait-elle eu le choix ? Elisabeth était une femme de soixante-dix ans. Et, comme tout le monde ou presque en Bretagne, la fille est une obligée de sa mère. Il y a encore, de moins en moins, des coins de France où, comme en Afrique ou en Asie, l'on s'occupe de ses vieux.

Simone démarre le moteur. Le paysage de la côte défile. Et ses pensées s'évanouissent dans la nature.

Rue du Kern, Elisabeth traîne ses pantoufles de la cuisine au salon. Sur la commode, il y a un petit cadre. La photo de Robert jeune. Il n'aura jamais été vieux. Il pose sur le quai devant son bateau. Il ne sourit pas. Sa veuve lui parle. Comme souvent lorsqu'elle est seule avec lui. Avec la photo. « T'entends ça, Robert ? Tu as vu comment la gamine me parle ? Et toi, tu ne dis jamais rien… Trente-cinq ans que tu te tais ! C'est long comme silence… Je sais bien qu'une histoire d'amour réussie, c'est une conversation sans fin mais là, Robert, ce n'est plus une conversation, c'est un monologue ! Trente-cinq ans que je parle toute seule… Pourquoi tu nous as fait ça, Robert, hein, pourquoi ? Regarde dans quel état est la petite. Moi encore, ça va, je tiens le coup, mais elle… Nous abandonner comme ça, c'est moche, tu sais,

Robert, c'est moche… Alors oui, je sais bien ce que pensent certains, que tu es mort… Eh ben si t'es mort, Robert, prouve-le ! »

Elle prend le cadre et s'affale dans le canapé. « Tu vois, Robert, plus je te regarde et moins je te trouve crédible… C'est ça, fais ta tête de mule ! Tu n'es pas breton pour rien… Ma mère m'avait prévenue de ne pas me marier avec un Breton. Elle m'avait dit que quand ça ne faisait pas la gueule, ça courait la gueuze ! Tu sais, Robert, tu m'auras causé plus de soucis que de chagrins… C'est pour ça que si tu reviens, je saurai te pardonner. Je ne suis pas rancunière. Et la petite, c'est pareil. Elle est bonne fille au fond… Allez, Robert, ne fais pas ta tête de lard, radine-toi avant qu'il ne soit trop tard ! Tu sais, les gens, c'est comme l'amour, ce n'est pas éternel… Si tu reviens un jour avec un bouquet, débrouille-toi pour que ce ne soit pas des chrysanthèmes… »

Elle repose le cadre sur la commode. Prend la télécommande et allume la télévision. Les actualités régionales sur la trois. Le présentateur a un costume bleu et un teint blême. « Nous retrouvons à Paimpol notre envoyé spécial Loïc Baratier, bonjour, Loïc… » L'écran se divise en deux. Le reporter apparaît en parka. Il a la bonne mine de ceux qui vont sur le terrain et qui sont éclairés par la lumière naturelle. « Oui, Julien, ces rodéos urbains perturbent la tranquillité des Paimpolais et des Paimpolaises. J'ai justement rencontré un couple de riverains qui ont accepté de nous parler. Je vous propose d'écouter ce témoignage… » C'est un homme massif, cheveux cendrés, moustaches et barbe blanches. À côté de lui, une femme replète, fortement maquillée, à la mise en plis impeccable. Ils râlent…

Ils râlent mais Elisabeth n'écoute pas ce qu'ils disent. Elle n'écoute pas mais elle est fascinée. Ses yeux s'agrandissent. Écarquillés. « Bon Dieu ! » s'échappe de sa bouche à l'arrondi du poisson qui étouffe à l'air libre. Ce genre de poisson que Robert pêchait dans le temps…

LE TROISIÈME JOUR

À la librairie, Simone conseille une grand-mère. Elle se désespère. Son petit-fils n'ouvre jamais un livre.

« Il n'en a que pour les écrans ! Quand ce n'est pas son Internet, ce sont les jeux vidéo ! Il passe sa journée à faire défiler des idioties sur son téléphone. Ou à appuyer comme un damné sur la manette de sa console. Même les films à la télévision, il ne veut plus les regarder. L'autre jour, on l'avait pour les vacances. Il y avait *La Grande Vadrouille* qui passait sur la une. Son papy et moi, on a voulu lui faire voir… Eh ben il n'a pas tenu ! Au bout de cinq minutes, c'était reparti ! Les yeux rivés à son téléphone… Moi, je vous le dis, on est en train de créer une génération de décérébrés ! »

La libraire s'enquiert de l'âge de l'enfant. Il a treize ans.

« Vous pouvez essayer un manga. C'est une bonne façon d'entrer dans la lecture…

— Un quoi ?! »

Simone va chercher en rayon un exemplaire de *Naruto*…

« Qu'est-ce que c'est que ces chinoiseries ?!

— Ce n'est pas chinois, c'est japonais…

— Ce ne sont pas des bandes dessinées que je veux qu'il lise, ce sont des livres !

— Cet univers plaît aux adolescents. Et puis ça les conduit souvent à lire d'autres livres, d'heroic fantasy par exemple…

— Des livres de quoi ?! Vous ne pourriez pas parler français comme tout le monde ?! Faut pas s'étonner après que les gamins ne sachent pas aligner deux phrases en français. Si les institutrices parlent dans un charabia anglo-saxon…

— Je ne suis pas institutrice, je suis libraire, madame…

— C'est pareil ! Et puis ces Japonais sont complètement zinzins. Je n'ai pas envie que mon Raphaël devienne zinzin, lui aussi ! Il l'est déjà bien assez comme ça… Vous n'auriez pas un vrai livre plutôt ? Je ne sais pas, moi… *Les Trois Mousquetaires* par exemple ! »

En allant chercher un exemplaire du roman de Dumas, Simone les voit passer devant la vitrine… Elle est tout sourire. Les mains posées sur son ventre arrondi. Cette manie des femmes enceintes de poser leurs mains sur leur ventre pour le montrer à tout le monde.

Il est tout près d'elle. Il a pris soin de détourner la tête quand ils sont passés devant la librairie. Il ne veut pas voir Simone. Ou alors non, il s'en fout. Il l'a définitivement oubliée. La fille enceinte sait-elle au moins que Simone existe ? Que Simone a existé ? Elle les voit maintenant de dos. Il passe son bras autour du cou de la jeune femme. Elle rit. Ils n'attendent pas un heureux événement, ils l'ont devancé. Florian n'a jamais passé le bras autour du cou de Simone de cette façon. Ils ne se sont presque jamais tenu la main. Ils étaient pudiques… Le couple s'éloigne. Simone les voit tourner au coin de la rue. Et elle a mal. Mal au cœur, mal à l'estomac, mal partout.

« Alors ? »

La grand-mère s'impatiente.

« Vous l'avez ?

— Quoi donc ?

— Mon Dumas !

— Je regarde, madame, je regarde… »

Elle actionne le tourniquet des livres de poche destinés aux scolaires…

« Je n'ai pas *Les Trois Mousquetaires* mais j'ai *L'Île au trésor* de Stevenson.

— Ça doit faire au moins trois cents pages, ce bouquin ! C'est trop pour Raphaël… Puisque je vous dis qu'il ne lit jamais ! »

Simone s'abstient de lui dire que *Les Trois Mousquetaires* en font neuf cents…

« J'ai une édition pour les onze-quatorze ans très joliment illustrée de *L'Île au trésor*. Ça pourrait lui plaire ?

— J'ai dit pas de bandes dessinées !

— Ce n'est pas une bande dessinée, c'est un livre illustré. Le texte est allégé par rapport à l'édition originale. C'est une bonne approche pour ceux qui ont un peu de mal avec la lecture…

— Et voilà ! Mâchons-leur le travail, à ces petits ignares ! Bon, laissez tomber. J'ai l'impression qu'il y a plus de choix chez Amazonie… »

Simone s'approche de l'odieuse bonne femme…

« D'abord, chère madame, sachez que ça s'appelle Amazon, pas Amazonie. C'est un site internet, pas une région du monde. Quant à moi, je ne suis pas un algorithme, je suis un être humain qui essaye de vous conseiller gentiment depuis vingt minutes des lectures pour votre petit-fils qui, soit est trop intelligent pour lire des bandes dessinées, soit trop bête pour lire des classiques. Alors comme l'algorithme, j'ai besoin d'avoir un renseignement… Votre Raphaël, c'est un surdoué qui s'ignore comme les trois quarts des gamins aujourd'hui ou c'est un con comme sa grand-mère ? »

La petite dame est rouge de colère. On lit de la peur aussi dans ses yeux. Elle bat en retraite. Jurant qu'elle ne remettra plus jamais les pieds ici… Simone s'en moque. Son seul regret, c'est qu'un enfant va passer à côté de Stevenson. Et ça, c'est dommage. Vraiment dommage…

Elle a eu peu de clients ce matin. Elle a le temps de repenser à ce qu'elle a vu. Florian et cette femme. Cette femme enceinte de lui. Cette femme qu'elle a été il y a quelques années. Mais elle n'a pas eu le temps, elle, de poser ses mains sur son ventre arrondi.

Simone est tombée enceinte trois ans après leur premier baiser, un 13 juillet, le soir, sur le port, après le bal des pompiers. Elle ne savait pas trop comment lui annoncer la nouvelle. Ce n'était pas prévu. Ce n'était pas attendu... Quand il a su, il n'a rien dit. Il avait l'air soucieux. Simone s'est dit qu'il ne voudrait jamais de cet enfant. Alors elle a déserté l'appartement. Elle a filé chez sa mère. Elle n'aurait sans doute pas dû... « Tu ne vas quand même pas pleurer pour si peu ! » lui a dit Elisabeth en soupirant. C'était maladroit mais ce n'était pas faux. C'était peu, c'est vrai, ça mesurait à peine trois centimètres d'après le gynécologue. « Tu sais ce qu'il te reste à faire ? » Non, justement, Simone ne savait pas. Elle était là pour ça. Trouver une réponse. « Tu vas prendre rendez-vous pour le faire passer et puis voilà ! » Et puis voilà... « Si tu le gardes, Florian va te quitter, c'est sûr ! On les connaît, les hommes, dès qu'il s'agit de prendre leurs responsabilités. Je suis bien placée pour le savoir ! Tu te vois élever un mouflet toute seule ? Se retrouver seule avec un môme, je sais ce que c'est et je ne le souhaite même pas à ma pire ennemie ! »

Simone est rentrée chez elle quelques heures plus tard. Florian ne disait toujours rien. Elle a attendu toute la soirée pour qu'il dise quelque chose. Il n'a pas ouvert la bouche...

Le lendemain quand elle s'est réveillée, il était déjà parti. Le chantier naval l'envoyait en mission d'observation pour une semaine à Toulon. Une semaine pendant laquelle ils communiquèrent peu. Un coup de téléphone de temps en temps, c'est tout. On disait le temps qu'il faisait là où on se trouvait. Guère plus. On ne parlait pas de ça. On ne parlait pas du ventre de Simone. Florian se disait qu'ils en reparleraient à son retour. Face à face, c'était mieux qu'au téléphone, avec les bruits de la rade toulonnaise en fond…

La veille du retour de Florian en Bretagne, Simone s'est fait excuser par Colette. Un mauvais virus. Et puis elle a filé à l'hôpital.

Quand elle est rentrée le soir, il était déjà là. Elle était surprise. Il était revenu un jour plus tôt pour la voir. Et puis il n'avait plus rien à faire à Toulon alors… Il l'attendait dans le canapé du salon. Soulagé d'être là. Un peu anxieux aussi. « Écoute, je voulais te dire… » a-t-il commencé. Elle l'a interrompu. « Ne te fatigue pas, Florian, je ne suis plus enceinte. Je reviens de l'hôpital. Il n'y a plus d'enfant. » Il a froncé les sourcils. « Tu t'es fait… » Oui, elle s'était fait. Puis Simone est allée se coucher.

Quelques mois plus tard, ils se sont séparés. Elle n'arrivait pas à pardonner à Florian de ne pas avoir accueilli la venue de cet enfant avec au moins un léger sourire. Lui n'arrivait pas à pardonner à Simone d'avoir tout décidé toute seule.

Ils firent chacun leur valise. Aucun d'eux ne souhaitait rester dans l'appartement. Florian est parti le premier. Simone voyait dans ce départ comme un aveu. Elle n'a pas eu la force de le voir passer la porte pour la dernière fois. Elle ne saura jamais s'il s'est retourné pour contempler tout ce qu'il laissait… À défaut de pouvoir le couper en deux, elle lui avait abandonné le lit. Elle l'a regretté plus tard. Il devait faire l'amour dedans avec sa nouvelle fiancée…

Les quelques amis de la fac de Rennes qui restaient à Simone l'aidèrent à emménager à sa nouvelle adresse. Un deux-pièces ancien sous les toits, pas dénué de charme. Il tranchait avec l'appartement moderne sur le port qu'elle avait partagé avec Florian.

Pendant plusieurs semaines, Simone n'a plus donné de signes de vie à sa mère. Elle s'en voulait de l'avoir écoutée. « Se retrouver seule avec un môme, je ne le souhaite pas à ma pire ennemie. Je sais ce que c'est ! » Elle avait été ce fardeau. Elisabeth aurait sans doute préféré qu'elle reste à l'état embryonnaire. Qu'elle finisse aspirée. Qu'elle n'existe pas... Soyons honnête, Simone pensait plus à elle-même qu'à son enfant avorté. Après tout, elle en avait le droit.

C'est Elisabeth qui est entrée un jour en trombe dans la librairie de sa fille. Elle braillait. « Merci de me donner de tes nouvelles ! Je croyais que tu étais morte ! » La boutique était vide. Colette dans la remise. « Rassure-toi, je ne suis pas morte... Mon histoire avec Florian, en revanche, l'est. » Sa mère eut un sourire satisfait. « Je te l'avais dit ! Tous des lâches, ces bonshommes ! À commencer par ton père qui... » Simone ne lui a pas permis de finir sa phrase. « Arrête avec papa ! Florian n'est pas mort, il m'a quittée ! » Elisabeth a fait la moue. « Heureusement que tu ne te retrouves pas en plus avec un marmot sur les bras... » Simone s'est avancée. On aurait pu croire qu'elle allait la gifler. Et à quelques centimètres de son visage, elle lui a dit : « Tire-toi, maman... Dégage d'ici ! »

Il est dix-huit heures trente. Elisabeth n'est pas sur son parapet. Elle dresse la table…

Quand Simone ne dîne pas à la maison, elle se contente d'avaler debout près du frigo un bout de fromage ou une tranche de jambon. Ou bien elle pioche dans une boîte de sardines. Sa fille retrouve la boîte entamée sur le plan de travail. La septuagénaire se laisse aller…

Ce soir, c'est différent. Les belles assiettes achetées en brocante sont de sortie. Il y a un bouquet de fleurs dans un joli vase au centre de la table.

La sonnerie du téléphone interrompt les préparatifs. C'est la ligne fixe. Elisabeth n'a pas de portable. « Qu'est-ce que j'en ferais ? Je n'ai aucune envie d'avoir un fil à la patte. J'en ai eu bien assez comme ça dans ma vie ! » Comment ce téléphone à cadran peut-il encore fonctionner? On imagine qu'un groupe de vieux téléphonistes de France Télécom qu'on a oublié d'envoyer en retraite s'activent encore pour faire marcher ces machins-là… Elle laisse passer quelques sonneries avant de décrocher.

« Oui, c'est elle-même… Oui, c'est moi qui vous ai laissé un message ce matin… Je souhaiterais que vous me délivriez un certificat de vaines recherches pour mon mari… Robert Mahé, disparu en mer le 11 mai 81 au large de Concarneau… Oui, en bateau, évidemment, pas en mobylette! C'est ça, mademoiselle, allez consulter vos archives, je reste en ligne… »

En patientant, Elisabeth tape du pied…

« Oui, je suis toujours là… Eh bien je suis désolée d'apprendre que Maurice Duhamel a disparu au large de Pornic le 22 mai 81 mais je m'en tamponne un tout petit peu le coquillard, mademoiselle! Ce que je vous demande, c'est pour Robert Mahé, pas Maurice Duhamel… Oui, j'en suis sûre. Si j'avais été mariée à Maurice Duhamel, je m'en serais aperçue… Oui, je me doute que vous n'étiez pas née en 81 mais moi, je n'étais pas née du temps de Napoléon et pourtant je sais qui c'est… C'est ça, allez chercher à nouveau dans vos archives… Oui, je patiente… Ça fait trente-cinq ans que je patiente, je ne suis plus à une minute près! »

L'interlocutrice doit reprendre sa fouille. Dans des fichiers d'ordinateur? Ou de vieux papiers jaunis? Elisabeth augmente la cadence de son pied.

« Vous n'avez rien trouvé concernant Robert Mahé… Évidemment! Puisque je vous demande justement qu'on me délivre un certificat de vaines recherches… Pourquoi je me décide maintenant ? En quoi ça vous regarde ?! Ce ne sont pas vos affaires. Tout ce que je vous demande, c'est de m'envoyer ce certificat… Je vous remercie… Et faites en sorte qu'il ne m'arrive pas en 2072, je ne suis pas sûre de tenir jusque-là… C'est ça, au revoir, mademoiselle ! »

Elisabeth raccroche. Et retourne disposer les couverts. Les jolis couverts. Ceux qu'on ne sort que pour les grandes occasions.

Elle a sursauté. Simone est arrivée dans son dos. Elle ne l'a pas entendue rentrer. Elle s'est retournée brusquement. A vu sa fille, les yeux sur la table dressée, l'air étonné. Elisabeth a un couteau à beurre dans la main.

« Tu m'as fait peur!

— Et toi tu m'étonnes...

— On ne surprend pas les gens comme ça!

— C'est plutôt toi qui me surprends, maman...

— En plus, j'ai un couteau dans les mains, c'est très dangereux! »

Elisabeth regarde la lame.

« Ceci dit, on n'a jamais tué quelqu'un avec un couteau à beurre... »

Simone va suspendre son trench dans l'entrée...

« Tu m'expliques ? »

Elle a toujours détesté quand sa mère la regarde comme ça… Cette espèce de dédain dans les yeux. Cette façon de souligner, sans le dire, que la question est idiote. Ou pire, ridicule.

« La table… Tu m'expliques ? »

Simone ne serait même pas capable de dire la dernière fois où sa mère a dressé une table avec autant de soin. Une quasi-solennité.

Elisabeth se racle la gorge…

« Ma petite fille, pendant que tu allais vendre tes petits bouquins, j'ai bien réfléchi… Et je suis arrivée à la conclusion que tu avais besoin de moi ! »

Simone sourit. Elle, avoir besoin de sa mère ? La bonne blague… Si elle est revenue vivre ici, c'est justement pour s'occuper d'elle. Et pas l'inverse.

« Tu peux rire, ma fille, tu peux rire ! N'empêche que tu as besoin de moi ! »

Pauvre maman, se dit la fille, elle dérive, elle divague… Mais est-ce étonnant quand on a toujours vécu si près de l'océan ?

Dumont, c'est le médecin de famille… Il y a un peu plus d'un an, il a téléphoné à Simone. Il venait aux nouvelles. Pas les siennes. Celles d'Elisabeth. Comment la trouvait-elle ces temps-ci ? La fille n'avait pas remarqué de changements notables. Elle était toujours aussi méchante. À part ça…

Le docteur, Simone le sentait, avait cette voix neutre, presque lointaine, qu'ont les médecins quand ils ne veulent pas inquiéter et qui les rend justement très inquiétants. Ce genre de voix qui dit à monsieur Machin : « On va faire une petite analyse, comme ça, pour se rassurer, histoire de voir où en sont les transaminases… Non ! Il ne faut pas paniquer, monsieur Machin… Mais dites bien au labo de me communiquer les résultats dès qu'ils les ont… » Dumont avait donc dit à Simone qu'il était un peu inquiet. Elisabeth ne prenait plus ses médicaments. Simone s'en voulut de découvrir seulement maintenant que sa mère avait un traitement depuis près de trente ans. Mauvaise fille… Sans ses pilules, le pire était à craindre. Il ne fallait pas plaisanter avec ça.

Simone a toujours été intimidée par le docteur Dumont. Il l'a vue grandir. Elle l'a vu vieillir. Aujourd'hui encore, il s'adresse à elle comme si elle était toujours une enfant. À expliquer bien les choses. En prenant soin d'articuler. En séparant les mots. Pour un peu, il lui ferait un dessin. « Si elle ne prend pas ses cachets, le risque d'AVC de votre maman est… » Il faut toujours prendre au sérieux les médecins qui ne terminent pas leur phrase.

C'est la pharmacienne de la rue des Merisiers qui a alerté Dumont. Madame Mahé ne lui apportait plus ses ordonnances. Et ce n'était pas tout. Elle l'avait croisée l'autre jour dans la rue. Elisabeth lui avait dit qu'elle avait d'autres chats à fouetter que de prendre son traitement. Il y avait plus urgent. Elle devait retrouver son mari. « Vous vous rendez compte, docteur ? Elle cherche son mari alors qu'il est mort depuis plus de trente ans ! »

« Je me demande si votre maman n'a pas déjà fait quelques AVC fantômes… Des petits accidents vasculaires cérébraux qu'on ne sent pas mais qui peuvent altérer le cerveau, avait dit le toubib. Il faudrait que vous vous occupiez d'elle. » Alors Simone est revenue à la maison. Bonne fille…

Elle a retrouvé sa chambre dans le même état qu'elle l'avait laissée. Il y avait encore, punaisé sur le mur, le portrait du jeune Rimbaud. Et un poster du *Grand Bleu* aussi. Et dans l'étagère, tous ses livres de poche. Avec des pages cornées pour la plupart. Et des notes dans les marges, écrites à l'encre bleue ou mauve. Avec des ronds sur les i… Il fallait se débarrasser de tout ça. Mettre son adolescence sur le trottoir. Les encombrants viendraient l'enlever. Simone avait trente-neuf ans et mettait, depuis longtemps déjà, des points sur les i.

Elisabeth n'a rien dit quand sa fille lui a annoncé qu'elle allait l'obliger à prendre ses médicaments. Et revenir auprès d'elle. Elle n'a manifesté ni adhésion ni hostilité… Mais le premier soir, elle a mis ses pieds sous la table et a demandé à Simone ce qu'elle comptait faire à manger. « C'est toi qui as voulu venir, ma fille, pas moi qui t'ai sollicitée ! » À ce moment-là, Simone s'est demandé si elle n'avait pas commis une erreur. Mais c'était trop tard. Elle ne pouvait plus revenir en arrière.

« J'ai réalisé à quel point tu avais besoin de moi, ma fille… »

Simone lève les yeux au ciel…

« Il faut être réaliste, tu n'es pas foutue de te débrouiller toute seule… J'ai donc décidé de t'aider.

— En mettant le couvert ? C'est bien. Pour une fois…

— Je ne dîne pas là ce soir… »

Pourquoi avait-elle dressé une si belle table alors ? Et pour qui surtout ? Il y avait deux assiettes disposées.

« Ce que tu peux être lente d'esprit ! Ce soir, ma fille, tu dînes avec le petit Le Guennec… »

Les Le Guennec. Les seuls êtres vivants de tout le Finistère à ne pas avoir subi les foudres d'Elisabeth Mahé.

Michel Le Guennec, directeur d'hypermarché à la retraite, et Martine Le Guennec, née Gicquel. Ils avaient toujours habité la maison mitoyenne. L'entrée donnait de l'autre côté de la rue du Kern. Rue Pointel.

Les Mahé et les Le Guennec. On se fréquentait peu. Relations de bon voisinage. On prenait des nouvelles les uns des autres de temps en temps. Rarement. Sans jamais être intrusifs. On se montrait serviables sans jamais être envahissants. C'était la Suisse en Bretagne.

Quand Simone croisait les Le Guennec dans le quartier, elle était priée de transmettre leurs amitiés à sa mère. Ils ont deux enfants. Sensiblement le même âge que la fille unique d'Elisabeth. Petits, ils auraient pu être copains. Ils ne l'avaient jamais été. Simone allait à l'école publique du coin. Yvan et Nathalie Le Guennec, eux, à La Providence. La meilleure institution privée de Quimper. Elle menait ses ouailles de l'élémentaire au baccalauréat. Une autoroute ouatée… C'était comme si cette dissociation scolaire, bien qu'ils vivent à quelques mètres les uns des autres, les faisait habiter deux mondes différents… La plupart du temps, quand la jeune Simone voyait ses petits voisins, ils étaient installés à l'arrière de la Peugeot 504 de luxe paternelle. Michel Le Guennec accompagnait ses enfants à l'école. Martine Le Guennec préparait leur retour dans cette maison qu'ils habitaient. Plus grande, plus soignée, plus bourgeoise que celle des Mahé.

La jeune Simone et ses petits voisins n'eurent en vérité que peu d'occasions de se fréquenter. Les études supérieures achevèrent de les séparer. Yvan et Nathalie avaient dû quitter la région…

Ces derniers temps, Simone avait entendu des cris d'enfants dans le jardin de la maison d'à côté. « C'est le petit de Nathalie, avait dit Elisabeth. Elle vit à Lorient maintenant et rend visite à ses parents le week-end avec son fils de quatre ans. » Bizarrement ces braillements enfantins ne la mettaient pas en rage. « Il a le droit de s'amuser, ce môme ! Et puis c'est un Le Guennec alors ça va… »

« Je peux savoir avec qui je suis censée dîner ?

— Tu es sourde ou quoi ?! Avec le petit Le Guennec.

— Un enfant de quatre ans ?!

— Non, celui-là a quarante-deux ans. »

Simone craint de comprendre…

« Tu ne vas quand même pas me dire que le petit Le Guennec dont il est question, c'est…

— Si ! Yvan Le Guennec ! »

Elisabeth prend le cadre sur la commode. La photo du père. Elle la donne d'autorité à Simone.

« Aujourd'hui, j'ai fait le point avec ton père…

— Tu ne vas pas recommencer avec papa !

— On est inquiets pour toi, ton père et moi…

— Papa n'est pas inquiet, il est mort ! »

Elisabeth n'a rien entendu. Ou fait mine de. Comme si un bateau n'avait pas disparu le 11 mai 1981 au large de Concarneau… Ou alors, ce sont les AVC fantômes de Dumont.

« On a quand même le droit d'être inquiets pour notre fille, non ? Simone, ta vie est un échec…

— C'est agréable, merci !

— De rien. Heureusement, il y a Yvan Le Guennec… »

Simone se souvient d'un blondinet. Sur la banquette arrière de la 504, toujours… Coupe au bol. Il aurait pu jouer dans une pub pour le shampoing Timotei. Une sorte de Björn Borg d'un mètre trente. Il était de ces garçons qui pratiquent le tennis en club le samedi matin. Short et chemisette Fila. Tiré à quatre épingles. Blancheur immaculée sur l'ocre de la terre battue.

« Maman, tu peux me dire pourquoi tu as invité Yvan Le Guennec à dîner ce soir ?

— Tu ne peux pas rester dans cet état à ton âge…

— Quel état ?

— Célibataire… Tu veux que je te dise une chose, ma fille ?

— Je ne suis pas certaine…

— Je vais te le dire quand même… Tu me fais de plus en plus penser à une vieille chaussette orpheline !

— De plus en plus agréable ! Et quel est le rapport avec Yvan Le Guennec ?

— Lui aussi est seul. C'est sa mère qui me l'a dit l'autre jour. Sa vie sentimentale est un désert. Comme la tienne. »

Simone le voit d'ici, Yvan Le Guennec. Un vieux garçon. Sans doute clerc de notaire ou quelque chose comme ça. Chauve. La coupe au bol a disparu. Le teint pâle aussi. L'air morne de ceux qui ont songé à allumer le gaz, puis se sont ravisés quand ils ont pensé à la facture… S'il n'était pas clerc de notaire, il devait être comptable. Un comptable dépressif. Un comptable sinistre.

« Maman, tu penses vraiment qu'un type probablement dépressif et insociable est fait pour moi ?

— Qui se ressemble s'assemble…

— Je ne suis pas insociable ! »

Elisabeth fait la moue.

« Quant à ma vie sentimentale, elle va très bien, je te remercie !

— Ta vie sentimentale va bien ? J'aimerais bien voir ça ! Entre cet imbécile de Florian et l'autre, là, celui qui était couvert de boutons… Comment s'appelait-il déjà, celui-là ?

— Je ne sais pas de qui tu parles…

— Mais si ! À chaque fois qu'il souriait, on se disait que ça allait nous péter au visage… »

Grimace de Simone. Sa mère a toujours eu le chic pour salir les choses…

« Ça y est ! Je me souviens ! Régis Azéma ! Il avait le physique de son nom, celui-ci… Azéma, eczéma, il le portait sur sa tronche, c'est le cas de le dire !

— Alors d'abord, Régis n'avait pas plus de boutons que les garçons de son âge. Et ensuite, on avait dix-sept ans ! Tu ne vas quand même pas résumer ma vie sentimentale à une histoire d'il y a vingt-trois ans ?! Entre-temps, figure-toi que j'en ai eu des histoires… Florian en tête ! Tu croyais que je faisais quoi quand j'habitais avec lui ? Du tricot ?! »

Un rictus mauvais vient se loger à la commissure des lèvres d'Elisabeth…

« Si j'étais toi, je ne parlerais pas d'aiguille à tricoter en évoquant Florian. Ça pourrait faire remonter de mauvais souvenirs… »

Simone s'avance vers sa mère. Il y a du feu dans ses yeux. Ses mâchoires sont contractées. Comment peut-elle ! Comment ose-t-elle convoquer son avortement ?

Elisabeth voit la main de sa fille menacer de se lever. Simone n'irait quand même pas jusqu'à la battre ? Le doute s'installe… Mais Simone ravale sa colère.

« Depuis Florian, je ne t'ai pas présenté tous les hommes avec qui j'ai eu une aventure.

— Ta discrétion t'honore, ma fille… »

Elle devrait prendre le large. Planter sa mère là. Sur le quai d'une vie qui se termine dans l'aigreur…

Le regard de Simone se pose sur celui de son père dans son cadre. Qu'aurait-il fait s'il avait été là ? S'il était encore de ce monde ? Aurait-il pris le parti de sa fille ou celui de sa femme ? Question absurde au fond. S'il était encore dans cette maison, Simone n'y serait plus.

« Et il y en a eu combien des hommes dans ta vie depuis Florian ? Je serais curieuse de le savoir… »

Elisabeth a cette morgue agaçante de ceux qui comptent leurs centimes. Ceux qui pinaillent.

« Ça ne te regarde pas… Et puis qui te dit que mon célibat n'est pas un choix ?

— Tu es rentrée dans les ordres ?

— Ma vie me va très bien telle qu'elle est ! »

Simone profite d'une inspiration de sa mère pour évaluer le degré de vérité de sa phrase… Difficile à dire. Et puis il est mieux parfois de ne pas trop être comptable de son existence.

« Écoute, ma petite fille, je ne suis pas éternelle. Et toi, tu n'es plus de toute première fraîcheur…

— Pourrais-tu cesser de m'insulter, s'il te plaît ?!

— Tu sais comment tu vas finir ? Toute seule. Mangée par tes chats.

— Je n'ai pas de chat.

— Toutes les vieilles filles en ont. Tu vas finir par en avoir… À défaut d'enfant ! Il faut être lucide, ma petite, tu n'es pas loin d'avoir fait le tour du cadran. Il te reste une petite chance. Tu dois en profiter ! »

Simone interroge sa mère du regard…

« L'horloge biologique, ça te parle ? Il est temps que tu fasses un mouflet. »

Ironie des choses. Des vilaines choses. C'est la même qui l'encourageait quelques années auparavant à avorter, alors que Florian faisait encore partie du paysage, qui aujourd'hui la presse à se reproduire…

« Et je pense qu'Yvan Le Guennec est le candidat idéal pour te mettre un polichinelle dans le tiroir, ma petite fille !

— Tu me donnes envie de vomir…

— Les premières nausées ? Parfait ! »

Elisabeth se remet à ses préparatifs. Simone reste là à l'observer interpréter une chorégraphie qui ne lui va pas tellement. Sa mère n'a jamais été de ces femmes pour lesquelles le décor compte. Ces hôtesses qui aiment recevoir et veulent que ça se sache.

« Tu penses sérieusement que je vais faire un enfant avec un type que je ne connais ni d'Ève ni d'Adam juste parce qu'il vient dîner à la maison ? »

Elisabeth se fige. Une carafe vide à la main.

« Contrairement à ce que tu racontes, tu le connais très bien... C'est le petit Le Guennec !

— La dernière fois que je l'ai vu, il était en culottes courtes...

— Avec un peu de chance, maintenant, il met des pantalons ! À toi de savoir l'enlever...

— Tu es complètement cinglée, maman !

— Ma fille, ne fais pas trop la difficile, tu n'en as pas les moyens... »

Isabelle Paquet, Estelle Dupuis, Christelle Lefort, Sandrine Martinez... Toutes ces filles que Simone enviait à l'époque. Leur mère les complimentait, elles. « Tu es ravissante, ma chérie. » « Tu vas en faire tourner des têtes, toi, plus tard... » « Cette robe te va si bien ! »

Elle se souvient du week-end passé chez Caroline Ghanassia. Elle venait de rentrer en cinquième. Elisabeth avait accepté du bout des lèvres. « Si ça vous amuse d'avoir une gosse de plus à la maison », avait-elle dit à la mère de Caroline qui avait pris la peine de l'appeler pour formaliser l'invitation.

Chez les Ghanassia, tout était différent. La maison, déjà, qui n'en était pas une. C'était un appartement dans un immeuble ultra-moderne en front de mer. Le comble du luxe pour la Simone de douze ans. Elle ne saurait dire aujourd'hui si son sentiment de l'époque correspondait à la réalité immobilière. Mais c'est ainsi qu'elle percevait les choses… L'ascenseur, la porte blindée, l'immense baie vitrée de la salle de séjour, tout la fascinait. Les papiers peints aux formes géométriques. La table basse en verre fumé. Le tapis blanc à poils longs. Les chaises en rotin. Au mur du salon, un immense tableau représentait la forme noire d'une panthère sur fond d'or. Elle était aussi subjuguée par une petite boîte rectangulaire en acajou dans laquelle la mère de Caroline Ghanassia piochait ses cigarettes. Elle se souvient encore de la marque. Des Craven A. Leur filtre était doré. Elle était belle, la mère de Caroline Ghanassia, quand elle mettait de l'or à sa bouche… Elle était belle quand elle fumait accoudée au balcon. Le vent faisait onduler le foulard qui nouait ses cheveux longs. Il y a aussi des femmes fatales en Bretagne. Des actrices américaines. C'était l'époque où Simone découvrait Fitzgerald. Et le pouvoir de la littérature. Ce pouvoir qui permet de confondre Long Island et la côte bretonne.

Dans les années 1980, une résidence en front de mer, c'était chic. Un signe d'ouverture. Pas seulement sur l'océan. Sur le progrès aussi. Il fallait avoir confiance dans le monde moderne, confiance en l'avenir, pour affronter en souriant les bourrasques qui tapaient souvent la baie vitrée. Les autres, les repliés, les recroquevillés sur eux-mêmes, avaient des maisons protégées, dos à la mer. Dos au futur. L'habitant des immeubles de béton et de plexiglas, sur sa terrasse ouverte aux quatre vents, était une figure de proue. Elle se déployait.

Elle accueillait l'avenir les bras ouverts. On était tourné vers l'ouest et ça avait du sens. Il y avait, à huit mille kilomètres de là, le continent du futur. On disait « les USA » dans les cours de récréation et les chansons d'Elsa. Il suffisait de les attendre. Et il fallait être les premiers à les accueillir. En front de mer donc. Le débarquement américain aura finalement duré quarante ans...

Et puis chez les Ghanassia, contrairement aux Mahé, il y avait un père. Un grand brun athlétique. Il s'appelait Patrick, comme tous les pères de l'époque. Elle lui avait dit « Bonjour, monsieur » et il avait éclaté de rire. « Tu vas m'appeler Patrick, je n'ai pas cent ans ! » Les parents de ces années-là avaient décidé qu'ils n'auraient jamais leur âge... Son prénom, Patrick, était écrit sur une gourmette épaisse qu'il portait au poignet.

« On va à la pizzeria ce soir, les filles ? » Caroline avait accueilli la proposition paternelle avec des petits cris de joie. Sa mère avait regardé son mari avec tendresse. Il y avait même du désir dans ses yeux. On le sentait. Il y avait de l'amour entre ces deux-là. Entre ces trois-là.

Simone n'avait jamais mangé dans une pizzeria. C'était exotique au pays de la crêpe. Elle avait presque l'impression de braver un interdit. De briser un tabou... Ils étaient attablés chez Georgio. Une Italie en carton-pâte. C'était beau. Le père de Caroline avait dit qu'on avait le droit de prendre tout ce qu'on voulait. Simone avait choisi une marguerite. Un drôle de nom pour une pizza. Elle ne savait pas ce que c'était mais elle aimait l'intitulé. Et si le serveur, un rouquin qui avait plus une tête d'Anglais que d'Italien, lui ramenait une pizza avec des fleurs dessus ? Au dessert, Caroline avait pris une orange givrée. Encore un drôle de truc. Un drôle de truc attrayant. Mais Simone avait préféré suivre la recommandation de Patrick. Ce serait un mystère pour elle. Quel nom encore ! Et la description… « Une glace à la vanille enrobée d'une meringue, le tout parsemé de pralin. » On ne trouve plus de mystère de nos jours au menu des restaurants. Sauf les restaurants chinois. Quand Simone va au restaurant chinois, la plupart du temps avec Sophie, elle prend toujours un mystère. C'est sa madeleine. La recette n'a pas changé. Pourtant, ce n'est pas aussi bon qu'avant. Peut-être parce que Caroline Ghanassia, sa mère dont elle ne se souvient pas le prénom, et son père, Patrick, ne sont plus là…

Le pyjama de Caroline la boudinait. La petite était en surpoids mais ça ne dérangeait personne. C'était un pyjama blanc avec des cœurs roses. Quand sa mère la vit boudinée dans sa tenue de nuit, elle avait dit qu'elle la trouvait « si mignonne là-dedans ». Il n'y avait pas d'ironie… Elisabeth n'a jamais dit une chose pareille à Simone. Pourtant elle était objectivement plus jolie que la petite Caroline. En tout cas plus gracieuse.

« Je ne sais même pas à quoi il ressemble, ton Yvan Le Guennec !

— Il ressemble à sa mère…

— Yvan Le Guennec est une petite grosse ? Parce que sa mère est une petite grosse !

— Il n'est pas très grand, c'est vrai, mais il est bel homme… Et puis vous avez des tas de points communs.

— Je peux savoir lesquels ?

— Il est chauve.

— En quoi c'est un point commun, je peux savoir ?

— Vous avez tous les deux des problèmes capillaires !

— Arrête avec mes cheveux, maman, arrête ! »

Simone a les cheveux épais de son père. Elle le sait. C'est ça qui a toujours dû exaspérer sa mère. Si épais, c'est vrai, qu'il est difficile d'en faire quelque chose. Surtout sous climat humide. Presque crépus.

« Ils sont très bien mes cheveux !

— Très bien ?! Eh ben tu n'es pas difficile. J'espère qu'Yvan Le Guennec ne l'est pas non plus… Tu pourrais quand même aller chez le coiffeur un peu plus souvent. Qu'est-ce qu'il va dire, le petit Le Guennec, en te voyant dans cet état-là ? »

Simone, lasse, se laisse choir sur une chaise.

« Tu m'emmerdes, maman…

— Ma petite fille, je ne vais pas te rappeler que tu n'as pas les moyens de tes ambitions car tu n'en as aucune, d'ambition. Mais je me permets quand même de te dire que ce serait déjà beau que le petit Le Guennec s'intéresse à toi…

— Mais qu'est-ce que tu en sais ? Figure-toi que je peux plaire ! »

Elisabeth enlève le tablier qu'elle portait jusque-là autour de la taille. S'en sert pour s'essuyer les mains. Puis elle le plie consciencieusement. Et vient s'asseoir calmement en face de Simone.

« Il faut se faire une raison, tu n'intéresses pas la gent masculine. Je le sais, je t'ai testée sur Internet…

— Quoi ?

— Je t'ai inscrite sur un site de rencontres.

— Tu plaisantes ?

— Pas du tout ! Et je peux te dire que ça ne se bouscule pas au portillon…

— Depuis quand tu sais te servir d'un ordinateur ?

— J'ai appris… Tu n'as quand même pas cru que tous les mercredis, je joue au scrabble avec des vieillards qui se font pipi dessus ?! »

Si, elle y a cru. Simone a même accueilli l'inscription de sa mère à la maison des associations avec une forme de soulagement. Elle se décidait enfin à socialiser. Jouer au tarot, c'était déjà se prendre en main… On peut défier le temps qui passe avec un atout ou un valet.

Quand Elisabeth était rentrée de son premier mercredi après-midi, Simone lui avait demandé comment ça s'était passé. « Ça ne te regarde pas ! J'ai le droit à ma vie privée, non ? Ce n'est pas parce que tu es venue te coller à moi que ça te donne tous les droits. Et surtout pas celui d'empiéter sur mon espace vital ! » Simone n'avait pas insisté. Peut-être que sa mère avait noué une amitié particulière avec un retraité du coin. On pouvait toujours rêver…

« Tu as appris l'informatique à la maison des associations ?!

— Apprendre l'informatique, c'est un bien grand mot. J'ai surtout soudoyé le prof, un imbécile à catogan, pour te créer un profil, c'est comme ça qu'on dit, sur un site de rencontres. »

Simone se prend la tête dans les mains. Elle lui aura tout fait.

« Tu es malade, maman ! J'espère au moins que tu n'as pas mis ma photo ?

— Non ! Je ne suis pas folle. J'avais envie que ça morde à l'hameçon. Eh ben malgré ça, on n'a pas eu de réponse.

— C'est qui on ?

— L'andouille à catogan et moi…

— Tu as entraîné ce pauvre garçon là-dedans ! Tu es dingue… »

Caroline Ghanassia n'habite plus la région. En passant maintenant devant sa résidence qui l'avait tant fait rêver et a bien mal vieilli, elle ressemble aujourd'hui à une HLM rongée par le sel marin, Simone pense souvent à son ancienne camarade. Qu'est-elle devenue ? L'adolescente rondouillarde a dû devenir une belle femme assurée. Le déterminisme arrange toujours tout. Même les physiques. On s'améliore forcément quand nos parents attendent l'avenir avec confiance… Parfois, Simone se prend à regarder au balcon du quatrième. L'héroïne fitzgéraldienne n'y est plus, bien entendu. Ceux qui étaient les vrais habitants ont quitté les lieux. La résidence est devenue un vaisseau fantôme. Il n'y a d'âme qui vive que l'été. Ce sont des vacanciers. Ils tentent de faire sécher leurs serviettes de plage sur les rambardes. En vain. Tout est humide en bord de mer. Tout finit par moisir par ici.

« Je n'ai pas mis ta photo mais j'ai mis ta description. Eh ben ça n'a pas mordu !

— Si c'est toi qui l'as rédigée, ça ne m'étonne pas…

— Ce n'est quand même pas Catogan qui allait le faire ! J'ai pourtant plutôt enjolivé les choses mais il n'y a rien à faire, tu ne donnes pas envie ! C'est peut-être ton nom qui rebute le chaland…

— Ne me dis pas que tu as mis mon nom de famille sur un site de rencontres ?!

— Je ne suis pas bête ! On a le même. Je n'ai pas envie qu'on puisse croire que je m'abaisse à fréquenter ce genre de sites… J'ai mis ton prénom et le numéro de ton département. Eh ben tu le croiras ou pas, mais Simone29 ça ne donne pas envie.

— Il n'est pas très étonnant que mon prénom ne fasse rêver personne.

— Pourquoi donc ? Que reproches-tu à ton prénom ? »

Toute sa vie, Simone a souffert de s'appeler Simone…

La tête des professeurs quand ils faisaient l'appel le premier jour. Certains lui demandaient s'il n'y avait pas eu une erreur à l'inscription. « Tu es sûre que ce n'est pas ton deuxième prénom ? » Ce sont eux, les professeurs, qui l'ont renseignée sur son infirmité baptismale. Jusqu'alors, elle ne s'était rendu compte de rien. Quand on est tout jeune, son prénom fait partie de la panoplie. On ne fait attention ni à son prénom ni à sa dégaine. Les apparences comptent si peu avant six ans…

Et puis arrive la première boum. Comme d'autres filles de votre âge, vous êtes collée au mur. On se donne une contenance avec un Fanta orange. Les bulles ont eu le temps de s'éventer. Scorpions chante *Still Loving You.* C'est l'heure des slows… Mathieu Caron s'approche de Simone. Elle se dit qu'il va l'inviter à danser. C'est le plus beau garçon des secondes. Il se penche et murmure à l'oreille de la jeune fille : « C'est marrant, tu as le même prénom que ma grand-mère… Mais ne t'inquiète pas, je ne t'appellerai pas mamie, je t'appellerai Momone. » Et puis il retourne rigoler avec les autres. Lionel Cassard et Frédéric Mallet.

« Qu'est-ce qui vous est passé par la tête, à papa et toi, de m'appeler Simone ? »

Étonnement, c'est la première fois qu'elle pose la question… La peur peut-être que ce choix soit celui de son père seul. Il n'est plus là pour se justifier. Plus là pour se défendre. Plus là pour lui expliquer à quel point ce prénom est joli. À quel point elle le porte bien. À quel point il l'aime. C'est l'inconvénient de perdre son père à cinq ans. On reste une petite fille pour l'éternité.

« C'est très joli Simone ! Et puis tu sais très bien pourquoi on t'a appelée Simone…

— Non, justement, je ne sais pas… À cause de Simone Veil ?

— Mais non ! Pour Simone Signoret. Je l'adorais… »

Le Chat de Pierre Granier-Deferre. Scénario de Pascal Jardin d'après le roman de Georges Simenon. La désagrégation d'un couple. Le couple Bouin. Julien et Clémence Bouin. Jean Gabin et Simone Signoret. Vieux pavillon à Courbevoie au milieu des tours naissantes de La Défense. Ils ne se parlent plus. La haine naît sur les amours sans paroles. Le vieil homme recueille un chat. Il lui donne toute l'affection sonore qu'il ne donne plus à sa femme. Le mépris se loge souvent dans les armoires. Entre les tricots de corps et les chaussettes. Elle les hait. Julien et ce petit chat qui n'a rien demandé.

Si Robert Mahé avait vécu, s'il n'avait pas disparu au large de Concarneau, il aurait peut-être été comme Julien Bouin. Et Elisabeth aurait été Clémence. Au fil de la paresse qui finit souvent par prendre toute la place, ils se seraient détestés. Et c'est la jeune Simone qui aurait fait le chat. Câlinée par son père. Jalousée par sa mère. C'est comme ça que cela se serait passé.

« J'aurais préféré que tu sois fan d'Isabelle Adjani !

— Tu ne sais pas de quoi tu parles ! Simone Signoret était magnifique. Mieux que tes greluches…

— Signoret est née au début du vingtième siècle, maman ! Les gens de mon âge, quand ils apprennent mon nom, ils ne pensent pas à *Casque d'or*, ils pensent plutôt à casque de chantier ! Simone, ça fait femme d'ouvrier !

— Tu n'es qu'une petite ingrate ! Je te donne le prénom d'une star et voilà comment tu me remercies… »

Simone voit d'ici la scène… On est à la clinique. Elle vient de naître. « Oh regarde, Robert, la petite n'est pas handicapée, zut… Pas grave, on va remédier à ça, on va l'appeler Simone. Avec un prénom pareil, elle va en baver toute sa vie ! »

« Si je te suis bien, ma petite fille, si tu as raté ta vie, c'est à cause de ton prénom ?

— Je n'ai pas raté ma vie !

— Enfin, Simone, sois réaliste… Regarde-toi. »

L'envie de l'étrangler. Mais on n'étrangle pas sa mère. Ça ne se fait pas.

« En étant ta fille, je ne sais par quel miracle j'ai évité la corde… Tu ne m'as jamais soutenue. Jamais un compliment. Jamais tu n'as cessé de me rabaisser. Et pourtant, malgré tous tes efforts, je n'ai jamais eu envie de me foutre en l'air. En ce sens, je l'ai réussie ma vie. Je l'ai réussie malgré toi. C'est peut-être ça qui t'embête au fond ? »

Pour une fois, Elisabeth n'a pas levé les yeux au ciel. N'a pas soufflé. Elle a juste pris son air pincé et a encaissé. Il faudra que Simone le dise à Sophie, ça lui fera plaisir. C'est puéril, mais tant pis. Elle dira à sa meilleure amie qu'elle a mouché sa mère.

Elisabeth s'en va bouder sur le sofa. Plus le temps passe, plus la septuagénaire prend des attitudes enfantines. C'est un peu effrayant ce retour en enfance. C'est un peu dégoûtant aussi.

À quelle heure Yvan Le Guennec a-t-il été convié ? Simone n'en sait rien. Elle prend une chaise et s'assied. Elle ne compte pas poser la question à sa mère. Ce serait avouer sa défaite…

Elisabeth craque la première.

« Comment oses-tu me dire toutes ces horreurs après tout ce que j'ai fait pour toi ?

— Qu'as-tu fait pour moi, maman ? À part me donner un prénom de vieille alcoolo, passer ta vie à me dévaluer, et dire que je ne mérite pas mieux qu'un petit gros dépressif et chauve… Qu'as-tu fait pour moi ?

— Ce n'était pas facile avec le départ de ton père… »

Elle baisse les yeux… Si Simone ne connaissait pas sa mère, elle aurait de la peine pour elle.

« Ce n'est pas le départ de papa, c'est la mort de papa… Papa est mort, maman, il est mort !

— Depuis le 11 mai 81, je t'ai consacré ma vie entière…

— C'est de ma faute si papa a pris son bateau le 11 mai 81 ? C'est de ma faute si la mer était mauvaise ce jour-là ? C'est de ma faute s'il s'est noyé ?! »

Elisabeth se lève. Furieuse.

« On n'en sait rien s'il s'est noyé ! On n'en sait rien s'il est mort ! »

Elle perd la boule. Maman perd la boule. C'est ce que se dit la libraire. Elle ne sait plus si ça la désole, si ça la met en colère ou si ça l'émeut. Simone est fatiguée… Elle se lève à son tour et se positionne derrière sa mère qui lui tourne le dos et regarde le petit cadre avec la photo du père. Elle hésite à mettre sa main sur son épaule. Et puis elle renonce.

« Maman, je te le demande, est-ce ma faute si tu n'as jamais tourné la page ? Est-ce ma faute si tu n'as jamais refait ta vie ? »

Il y en eut un. Un homme. Un autre homme. Il s'appelait Camille de Chatou. On doutait de son identité officielle. Son aristocratie était trop prononcée pour être vraie. Il portait des costumes en tweed et des casquettes assorties. Ces pièces avaient vécu. Quand on regardait de près, l'encolure de ses chemises épaisses était élimée. Il avait aussi une montre à gousset. Il ne regardait jamais le cadran. Une horlogerie hors d'usage sans doute. Purement décorative. Ses chaussures de couleur châtaigne étaient usées, elles aussi. Usées mais lustrées. C'était un homme d'un autre temps. D'une temporalité parallèle. Un homme de jamais. Ou un homme de toujours. C'est pareil… Était-il un de ces nobles déclassés qui, avec les accessoires d'une glorieuse époque révolue, essayent de donner le change ? Ou un seigneur de comptoir et de turf ? Ces types qui, avec leurs manières et leurs déguisements, finissent par convaincre les bonnes gens qu'ils en sont, de la haute. Et même si on sait, au fond, que ce n'est pas vrai, on est heureux de le croire. Il faut qu'ils jouent leur rôle. Alors on les affuble d'un pseudonyme. Camille Durand devient Camille de Chatou. Parce qu'il y habite. Et s'il le faut, on lui adjoint un château. Un château à Chatou, ça sonne bien. Un château perdu au cours d'une partie de bridge intéressée. Les légendes naissent au bistrot…

Le petit peuple du Tabac du Parc à Clamart aime bien le châtelain. Qui ne l'est plus. Ou ne l'a jamais été. On se moque un peu, bien sûr, de sa dégaine, de sa diction précieuse, de ses baisemains à Geneviève, la patronne du bar. On se moque mais on l'aime bien quand même. Il fait partie des murs. De la mythologie de l'endroit. Comme l'odeur du café dans le percolateur ou le bruit de la capsule ôtée d'une bouteille de sauvignon. Une pièce de musée à laquelle on s'est attaché… Les ouvriers du Tabac du Parc aimaient Camille de Chatou. Ce sont les bourgeois qui détestent les aristos, pas les prolos. Les bourgeois les haïssent car ils pourront toujours avoir l'argent et le pouvoir, ils n'auront jamais leur éducation, leur histoire, leur sang. Les bourgeois n'aiment pas non plus les prolétaires. Ils leur rappellent d'où ils viennent. Et où ils ne veulent surtout pas retourner. Ils n'hésitent jamais à leur appuyer sur la tête. Il ne doit en dépasser aucune. Ils savent que les places sont chères. C'est dans cette double inimitié bourgeoise que s'est construite l'association de raison des aristos et des prolos. Association des déclassés. Des intouchables. Camille de Chatou en était. Comme Marcel Buzin, Abdelatif Meraba, Roger Jean-Pierre, ceux qui parfois tapaient sur le zinc pour commander à boire. C'est la superbe des modestes et des dégradés.

Camille de Chatou était brocanteur itinérant. Il préférait dire « antiquaire ». Quand, quelques années plus tard, lors de sa parenthèse parisienne, Simone avait visité le Carré rive gauche et les arcades de la place des Vosges, elle avait compris qu'il avait largement exagéré son statut… Il avait une vieille camionnette bleu pâle dans laquelle il entassait tout un tas de meubles et d'objets. Il sillonnait le quart nord-ouest de la France. On se disait que ce fatras était le dernier témoignage poussiéreux d'une famille fortunée. D'une époque glorieuse. De temps révolus. C'était ce que ses aïeux avaient réussi à sauver à la Révolution. Et ce que lui-même avait réussi à soustraire aux huissiers de justice.

Chaque année, au mois de mai, il y avait une brocante place Duclos. C'est là qu'Elisabeth l'avait rencontré. Simone l'accompagnait. Elle devait avoir dix ans ou quelque chose comme ça. L'homme avait déballé ses trésors surannés. Des chandeliers branlants, des cadres ouvragés bouffés par les mites, des miroirs piqués, des chinoiseries ébréchées, des chaises plus tellement cannées… Il y avait aussi un vieux gramophone. Le pavillon en métal vert était moucheté de rouille. Elisabeth s'est arrêtée devant le tourne-disque. D'habitude, elle disait que les brocanteurs étaient des escrocs qui vendaient des vieilleries la peau des fesses. Pas cette fois. Camille l'avait laissée inspecter l'objet. Puis, délicatement, est venu à elle. Il lui a raconté l'histoire du gramophone. Quels avaient été ses anciens propriétaires. Les voyages qu'il avait faits. À mesure du récit romanesque, le gramophone, pourtant toujours en piteux état, prenait de la valeur aux yeux d'Elisabeth. On le sentait… Simone aussi était fascinée. C'était comme dans ses livres. La voix de Camille était douce. Les mots s'enchaînaient. C'était fluide. C'était la première fois que la petite fille voyait sa mère, si ce n'était hypnotisée, en tout cas attentive. Heureuse peut-être… Elle a tiré son porte-monnaie de son sac. « Je le prends. » Elle a tendu un billet de cinquante francs au vendeur. Il ne l'a pas accepté. « Je vous l'offre, madame, je suis sûr qu'il sera très bien chez vous… » Et puis il a tendu sa main qu'elle a serrée. « Je suis ravi d'avoir fait votre connaissance, madame, ce sera ma récompense. » D'habitude, elle lui aurait dit « Vous me prenez pour qui ? Une nécessiteuse ?! Une mendiante ?! » mais pas là. Elle lui a souri. A même un peu rougi. « Cet engin est très lourd. Si vous le souhaitez et si vous n'habitez pas trop loin, je peux vous le livrer chez vous après la brocante ? » Elle a dit oui. Simone était étonnée. On n'avait pas l'habitude de recevoir des gens à la maison. Encore moins des hommes. Même le facteur restait au portail.

Il a tenu sa parole. Elisabeth l'a fait entrer dans le séjour, comme on disait à l'époque. Il avait le gramophone dans les bras. « Où voulez-vous que je le pose ? » Elle a indiqué un guéridon. Il avait l'air de peser une tonne. Mais le guéridon a tenu le choc. Simone, qui observait la scène de loin, trouvait amusant qu'un déménageur soit habillé d'un costume anglais… « Auriez-vous, chère madame, un chiffon pour le dépoussiérer ? » « Je m'en occuperai plus tard… »

Elle lui a proposé un apéritif. Il y avait une forme de séduction désuète mais presque licencieuse dans ce terme. Apéritif. Il a accepté. Ils se sont assis, tous les deux, un verre de porto à la main. Ils ont parlé. Beaucoup. De son métier d'antiquaire et des routes qu'il empruntait. Des pêcheurs, dont l'activité se portait mal dans la région. Et de la disparition du mari aussi… De temps en temps, Simone venait piquer une poignée de cacahuètes. Sa mère ne le remarquait pas. Elle était trop occupée. Camille, en revanche, lui adressait à chaque passage un sourire. Un bon sourire d'homme mûr. Il devait avoir soixante ans. Elisabeth en avait quarante. Ce jour-là, Simone s'est dit pour la première fois de sa vie que sa mère était belle.

Une semaine plus tard, Camille de Chatou est repassé. À l'improviste. Il a sonné à la porte. « J'étais dans le coin et je me suis dit que j'allais prendre des nouvelles du gramophone. Et de sa propriétaire aussi. J'espère ne pas vous déranger ? » Non, il ne dérangeait pas Elisabeth. Avant de lui ouvrir, elle s'était recoiffée… Elle lui a montré le gramophone. Comme s'il avait poussé en une semaine. « Il se sent bien chez vous, j'en suis sûr… » C'était encore l'heure de l'apéritif. Alors ils ont pris l'apéritif. Simone, dans sa chambre, les entendait rire parfois.

Pendant plusieurs semaines, la camionnette bleu pâle du brocanteur ne dépassait plus les limites du Finistère. Les « Je passais dans le coin » étaient de pure forme. Il n'y avait pas de hasard. Il n'y avait que des rendez-vous non déclarés.

Une fois, il est venu avec un bouquet de fleurs. « Il ne fallait pas ! » « C'est trois fois rien… » Un autre jour, il a offert *Les Malheurs de Sophie* en poche à Simone. Le volume devait venir de chez un bouquiniste de ses amis. Sur la page de garde était écrit au crayon de bois « Pour Juliette, de la part de maman ».

Puis il y a eu une invitation à dîner au restaurant. « Je ne peux pas, avec la petite… » Camille de Chatou a proposé d'emmener Simone avec eux. La mère a refusé.

Les mois ont passé. Il venait de moins en moins… Un jour qu'il sonnait à la porte alors qu'Elisabeth était sur son parapet, elle a dit à sa fille : « Il commence à devenir envahissant, celui-là ! » Et elle est allée lui ouvrir, agacée.

Et puis il n'est plus venu du tout… Simone se demande aujourd'hui ce que sa mère a fait du gramophone. Il n'est plus sur le guéridon.

« Réponds-moi, maman ! Est-ce de ma faute si tu n'as pas refait ta vie ?

— J'ai une morale, moi ! Il était hors de question que je trompe ton père… Qu'aurait-il dit s'il était rentré et qu'il avait trouvé un homme dans son canapé ? Ou pire, dans les bras de sa femme ?!

— Je vois qu'avec toi, même mort, papa a bon dos… La vérité, c'est qu'aigrie comme tu es, il t'est impossible d'accéder au bonheur… Papa, c'est la bonne excuse. Sauf qu'avec sa mort, cette excuse n'a pas duré longtemps. Il a fallu que tu t'en trouves une autre. Tu n'as pas eu loin à chercher. Elle était sous tes yeux… C'était moi ! Ta fille ! Je t'ai gâché la vie, tu n'as jamais cessé de me le faire ressentir… J'aurais pu devenir méchante, moi aussi. Ça t'aurait bien arrangée… Sauf que c'est raté. Tu sais pourquoi ? Parce que la méchanceté, ça ne s'apprend pas. Ça ne se transmet pas non plus. Il faut croire que je ne tiens pas de toi. Je dois tenir de papa… Parfois je me demande qui de la mer ou de ma mère était mauvaise le 11 mai 81 pour qu'il ait envie de prendre son bateau malgré les éléments, malgré les risques… »

Elisabeth s'enfonce dans le canapé. Comme si elle avait pris un coup de poing dans l'estomac. Le silence s'installe. Longtemps… Et puis elle se lève. Regarde fixement sa fille. Son visage n'a jamais été aussi inexpressif.

« J'ai compris… Je m'en vais ! »

Elle décroche de la patère de l'entrée son ciré jaune…

« Je te préviens, maman, avant de partir tu annules ce dîner ridicule avec le fils de la voisine ! »

Elisabeth ne répond pas, enfile son ciré, sort et claque la porte.

Simone attend. Cela fait cinq minutes que sa mère est partie. Elle la connaît par cœur. Elle va revenir. Elle a joué si souvent ce genre de scènes…

On sonne à la porte. Voilà. Simone le savait. Et en plus elle a oublié ses clés. Elle sera misérable, c'est sûr, quand sa fille ira lui ouvrir. Alors elle prend son temps. La faire mariner un peu. C'est tout ce qu'elle mérite…

Simone finit par se lever. Elle ouvre la porte. Ce n'est pas sa mère. C'est un type. Crâne rasé pour masquer une calvitie plus que naissante. Barbe de trois jours soignée. Une bouteille à la main.

« Vous êtes Simone, je suppose ? Je suis Yvan Le Guennec. Ma mère m'a dit que… »

LE QUATRIÈME JOUR

Il est minuit et des poussières. Des poussières de pluie. L'air est humide dehors. Il fait bon à l'intérieur. Il a pris son verre et s'est installé dans le canapé. Il sourit.

« Elles sont drôles quand même…

— Qui ça ?

— Nos mères… Elles sont drôles, tu ne trouves pas ? »

Simone fait la moue. Il éclate de rire. Un rire franc…

Yvan Le Guennec ne ressemble pas du tout à sa mère. Ce n'est pas une petite grosse. Ses yeux sont bleus. Il les tient de son père. On devine un corps bien proportionné sous son polo Lacoste parfaitement seyant. Il a une belle carrure sans effort. Son bronzage fait ressortir de fines taches de rousseur sur et aux alentours de son nez. Il a l'allure d'un tennisman suédois à Monte-Carlo. Finalement il n'a pas changé. À part ses cheveux qui sont restés dans le passé.

« Drôles, je ne suis pas sûre… »

Il regarde Simone avec ce sourire en coin auquel elle a eu le temps de s'habituer. Elle ne le connaît que depuis trois heures. Elle a pourtant l'impression de savoir décrypter son visage. Il en est de même pour lui. Leurs échanges, même les plus silencieux, sont déjà complices. Simone l'amuse. Quand elle lui raconte sa mère. Sa vie. Son histoire… Elle n'en revient pas de se laisser aller aux confidences. Ce n'est pas son genre. Surtout avec un inconnu. Le sentiment de lui en avoir plus dit en ces quelques heures qu'à Sophie en quelques années. Toutes les fois où elle a eu peur du jugement de sa meilleure amie. Le regret de n'obtenir que des conseils. Lui écoute. Il ne dit pas grand-chose. Il sourit. Il rit même parfois. Il n'y a pourtant pas toujours de quoi. Mais son sourire, son rire, font du bien à Simone. Juste du bien. La douceur de l'enfance semble ne pas l'avoir tout à fait quitté.

« Tu n'as pas peur ?

— Peur de quoi ?

— Qu'il lui soit arrivé quelque chose ?

— Je m'en moque ! »

Yvan s'esclaffe.

« Tu mens !

— Non !

— Si ! »

Il la désarme.

« Peut-être un peu, c'est vrai… »

Il plisse ses yeux. Il attend doucement, sans forcer, qu'elle lui en dise plus.

« Que veux-tu que je te dise ? Que je suis inquiète ? Oui, je suis inquiète ! »

Elle regarde sa montre…

« Il est plus de minuit et elle n'est toujours pas rentrée… Mais là, tout de suite, je n'ai pas du tout envie de penser à elle. J'ai juste envie de passer une bonne soirée. Ça faisait longtemps…

— Avec un bon camarade !

— Exactement ! Avec un bon camarade ! »

Simone Mahé et Yvan Le Guennec ont fait de sacrés progrès en un peu plus de trois heures. C'était pourtant mal parti…

On était loin du joueur de tennis monégasque sur le pas de la porte. Il avait l'air tarte avec sa bouteille de vin. Il voulait s'en débarrasser le plus vite possible. On le devinait. À peine avait-il bredouillé sa phrase introductive qu'il l'avait tendue à Simone. C'est comme ça qu'elle s'est retrouvée avec un chablis dans les mains devant un type qu'elle ne connaissait pas ou presque. Yvan Le Guennec n'était pas devenu celui qu'elle s'était figuré. Il était mieux. La situation n'en restait pas moins gênante. Pour lui aussi…

« Je ne sais pas très bien ce que je fais ici… »

Simone n'avait pas l'intention de l'aider…

« On m'a dit que c'est votre mère qui… »

Elle voulait garder une forme de dignité. Ce qu'il en restait. Alors elle l'a interrompu.

« Moi, on m'a plutôt dit que c'était la vôtre… »

Ils sont restés comme ça, comme des cons, l'un face à l'autre, sur le pas de la porte, pendant plusieurs secondes. Ça leur a paru long… Puis Simone s'est écartée. Elle l'a laissé entrer.

« Maintenant que vous êtes là… »

Yvan venait de comprendre ce que doit ressentir un démarcheur en encyclopédies. Même si ce métier n'existe plus. On n'a jamais de bonnes raisons pour entrer chez les gens. Surtout quand on n'en a pas. Ce que lui avait dit sa mère n'en constituait pas une. C'était évident. Que faisait-il là alors ? Il ne savait pas tellement… Quand il a découvert la jolie table d'aspect romantique, il s'est tourné vers Simone. Il l'interrogeait du regard.

« Non, rassurez-vous, ce n'est pas de moi. C'est ma mère qui… »

Elle ne savait ni où se mettre ni par quoi terminer sa phrase. Lui, souriait. Premier sourire amusé de la soirée. Il y en aura beaucoup par la suite.

« C'est ma mère, elle est un peu folle…

— Dommage.

— Dommage que ma mère soit folle ?

— Non, dommage que ce ne soit pas vous qui ayez dressé cette belle table pour moi. On me fait rarement pareil honneur… »

Le ton cérémonieux du type a mis le doute dans l'esprit de Simone. Et s'il était bel et bien de ces célibataires maladroits qui profitent de n'importe quelle situation, même celles dont ils ne sont pas à l'origine ? Yvan a perçu le trouble. Alors il a voulu rebrousser chemin…

« Excusez-moi, j'essayais d'être marrant, mais c'est raté. La situation est tellement embarrassante… Le mieux, c'est que je m'en aille. »

Il avait quand même l'air sympathique. Et puis il commençait à intriguer Simone. Ça ou autre chose…

« Je me sens tout aussi stupide que vous. Alors restez partager avec moi ce moment de solitude… »

Les premières minutes furent quand même placées sous le signe de l'embarras. Un embarras réciproque. Que chacun tentait de dompter tant bien que mal. Elle lui a offert de s'asseoir. Il a accepté. Elle a proposé d'ouvrir la bouteille de chablis. « J'espère qu'il est frais… À mon avis, oui, ma mère a dû y penser. » Il lui a fait un clin d'œil. Elle a souri. Deux façons de se chercher une contenance.

Il avait l'avantage de ne pas jouer à domicile. C'était plus facile. Il pouvait balayer la pièce du regard. Pour s'occuper. Elle était bien obligée, elle, de le regarder, lui. Il était la seule incongruité dans ce salon… Et puis quand leurs regards se croisaient, ils se souriaient encore. Des sourires de moins en moins gênés.

C'est Yvan Le Guennec, après sa deuxième gorgée de chablis, qui a pris l'initiative…

« C'est tout de même étrange de se retrouver là… »

Simone a préféré boire pour ne pas avoir à renchérir. Peut-être que la plupart des alcooliques sont en fait des timides qui s'occupent les lèvres pour ne pas avoir à parler. C'est ce à quoi elle songeait à cet instant.

Vinrent les banalités d'usage. Et puis après le deuxième verre, elle lui a demandé s'il avait faim. Avec un certain sens de l'ironie, il lui a répondu qu'il était là pour ça.

« Ma mère m'a promis un dîner… »

Simone a ouvert le réfrigérateur. Dedans, un plateau de fruits de mer patientait. Elisabeth avait tout prévu.

« J'espère que vous aimez les coquillages et les crustacés ? »

Oui, il aimait ça… Yvan avait du mal à casser sa pince de homard.

Il donnait à Simone sa version des faits. Sa mère l'avait supplié d'accepter l'invitation à dîner de la fille de la voisine. Elle n'avait pas parlé d'Elisabeth. « Il faut que tu te fasses des amies ! » avait dit Martine Le Guennec à son fils. Elle avait précisé « amies, i, e, s ».

C'était au tour de Simone de raconter. Sa version n'était pas très éloignée de celle d'Yvan. Sauf que chez les Mahé, on n'avait pas pris la peine de masquer l'origine maternelle du stratagème. Elle omit de dire, il ne fallait pas effrayer inutilement ce garçon, que si les ambitions côté Le Guennec étaient sentimentales, celles d'Elisabeth étaient en plus sexuelles et maritales.

Ils étaient victimes du même sale coup. Et ils se retrouvaient à avaler des huîtres. À décortiquer des crevettes. À mastiquer des praires. Et à tenter de venir à bout d'une pince de crabe… Simone n'avait pas le matériel adéquat. Alors elle est allée chercher un marteau dans la caisse à outils. Elle l'a tendu à Yvan. Il l'a regardée, effrayé.

« Je vous préviens, je ne suis pas bricoleur pour un sou. Je n'ai jamais su planter un clou… »

Il a failli casser la table. Quand il a abattu la masse, non seulement le décapode n'a pas été brisé, mais il a atterri sur le buffet, deux mètres plus loin. Premier fou rire de la soirée. Simone et Yvan pouvaient passer au tutoiement…

Plus tard, ils sont encore à rire. Ils ne savent plus vraiment pourquoi. L'alcool les rend joyeux.

« Et que va raconter mon bon camarade à sa petite maman quand il va rentrer ? »

Yvan mime l'étonnement.

« Rentrer chez ma mère ? Tu n'y penses pas ! Comment veux-tu qu'on fasse un enfant si tu ne m'invites pas à dormir ?! »

Elle lui avait dit qu'Elisabeth, en reprenant ses termes, comptait bien sur cette soirée pour que le fils du voisin mette un polichinelle dans le tiroir de sa fille…

« Je crains que la mise en route de notre bébé doive attendre…

— Tu as raison… Et puis nous ne sommes pas obligés de dire à ta mère que nous avons finalement opté pour l'insémination artificielle ! »

Ce garçon est drôle, pense Simone. Il a cette faculté de mettre un peu de légèreté en gravité. Une délicatesse…

« Sérieusement, Yvan, tu as déjà pensé à avoir un enfant ?

— Dans ma position, c'est difficile…

— Les gens ont quand même fait des progrès ces dernières années à ce sujet.

— Pas tout le monde, je t'assure… Et puis il faudrait que je trouve la bonne personne.

— Tu ne l'as pas trouvée ce soir ? Je suis tellement déçue ! »

Ils rient tous les deux… Simone ne se souvient pas avoir eu des conversations aussi aériennes avec ses vieux amis de fac. Même à l'époque. Pas plus avec Sophie. Entre elles, il ne s'agit pas tellement de parler. Il faut surtout résoudre des problèmes. Ceux de Simone. Ceux de Sophie. Peu importe…

Un bruit de serrure les alerte. Elisabeth n'a donc pas oublié ses clés. Yvan tourne la tête vers l'entrée. De là où il est situé, il ne peut distinguer la porte d'entrée de la maison. Ni qui va la franchir.

« C'est ta mère ? »

Ils chuchotent.

« Sans doute… »

La gêne du début de soirée s'installe à nouveau sur les visages.

« Ce n'est pas embêtant que je sois là ?

— Je te rappelle que c'est elle qui l'a voulu… »

L'impression de retomber en adolescence. Quand la fille accepte de faire entrer le garçon dans sa chambre. Les parents ne sont pas là. On ferme la porte quand même. On est allongés sur le lit. On écoute de la musique. La discussion laisse place peu à peu à des caresses chastes. Et puis les caresses le sont moins. On s'embrasse beaucoup. La température grimpe. À décoller les posters des murs de la chambre. La main du garçon s'oublie. Elle glisse sous le pull de la fille. Il y a de la buée aux fenêtres. On est arrivé au bout du disque. On ne s'en est même pas rendu compte.

La musique ne compte plus. On n'entend rien d'autre que le son des bouches et des tissus frottés. On n'a pas entendu le bruit du moteur de la Super 5 de la mère. Elle se gare… Elle ouvre la porte de la chambre en grand. Elle n'a pas frappé. Évidemment. Le garçon sursaute. Les cheveux ébouriffés. Les yeux rougis. La fille a le chandail remonté jusqu'au cou. Elle préfère regarder ailleurs. Le garçon balbutie un « Bonjour, madame » parfaitement ridicule. Il tente de se donner une contenance. Il ne le sait pas encore, il fera ça toute sa vie. Le destin des hommes. La fille ne se donne pas cette peine. Elle subit. En regardant ailleurs. Il faut bien avancer. C'est la vie des femmes. Il y en aura d'autres. Elle le sait. L'instinct. Il faudra se battre sans se faire remarquer. Affronter. Après quelques secondes, la mère, du noir dans les yeux, a refermé la porte sans dire un mot. La punition du silence.

Il s'appelait Régis Azéma. Celui qui avait des boutons d'après Elisabeth. Il n'en avait pas plus que ça. Il a fui la maison sans demander son reste. Il a laissé Simone avec son pull remonté jusqu'au cou. Il a rajusté sa chemise et reboucle sa ceinture. La jeune fille ne s'était même pas aperçue qu'il l'avait détachée. Elle aurait aimé qu'il aille voir sa mère. Lui dire qu'il aimait sa fille. Il ne l'a pas dit. Il n'a dit ni à Elisabeth ni à Simone qu'il l'aimait. Sauf une fois. La première fois qu'il a joui en elle. Dans un râle. Quelques secondes après l'avoir pénétrée. Elle avait trouvé ça un peu pathétique. Ridicule. Presque sale. Ce mot d'amour mêlé de sperme. Elle aurait préféré qu'il ne dise rien. Qu'on en reste au râle. C'était la première fois de Simone. La première fois aussi de Régis. Il prétendait le contraire…

Il n'y eut pas de deuxième fois. L'été était passé par là. Il était parti en vacances avec ses parents et sa sœur dans le Var. Le camping Mogador à Sanary-sur-Mer. La première semaine, il a envoyé deux cartes postales. Elle les a peut-être gardées dans une boîte à chaussures. Elle n'en est pas sûre. Il faudra qu'elle cherche. Sur la première, il avait écrit qu'il faisait beau, que ses parents étaient des cons, qu'il aurait préféré rester en Bretagne avec elle. Sur la deuxième, il signalait quand même que le camping était cool, qu'il s'était fait des potes vachement sympas, qu'il sortait avec eux le soir en ville. Il n'y a pas eu de troisième carte postale.

À la rentrée de terminale, Simone a appris que Régis avait rencontré une Marjorie au camping. Elle habitait Clermont-Ferrand. Ils avaient promis de se revoir. Ils ne se sont jamais revus. Et Régis n'a plus jamais adressé la parole à Simone.

Elisabeth est montée se coucher sans passer par le salon… Yvan chuchote et rit encore.

« C'est dommage, ta mère ne saura jamais que nous sommes en train de parler bébé… »

Simone lui fait des grands gestes pour tenter d'éteindre son rire. Peine perdue. Cette sensation enfantine de faire des bêtises la ravit.

Ils l'entendent faire ses ablutions dans la salle de bains. Nouveau fou rire. Ils ont abusé du vin blanc et ça leur fait du bien.

« Moins fort !

— Pourquoi moins fort ? Ta mère ne dort pas, elle se brosse les dents… Ne me dis pas qu'elle se brosse les dents en dormant ?! »

Yvan se tient les côtes… La porte de la chambre de la mère a claqué. Un fait exprès. Histoire de leur faire comprendre, au cas où ce ne serait pas le cas, qu'elle est rentrée. Yvan agite la main.

« Elle n'a pas l'air contente !

— Elle n'a jamais l'air contente ! »

Il tend son verre à Simone pour qu'elle le resserve. La bouteille est vide.

« C'était la deuxième et nous sommes à sec… »

Il se lève. Solennel.

« Je crois que c'est le signal. Il est temps de rentrer…

— Pour retrouver ta maman chérie ? »

Il regarde son poignet droit. Il ne porte pas de montre et le sait très bien. Ce type a décidé de ne pas grandir tout à fait.

« Ma maman chérie doit dormir à cette heure-là… »

On entend des ronflements de caserne dans la chambre du haut.

« Et visiblement, elle n'est pas la seule ! »

Ils rient. Encore.

Yvan fait trois pas vers Simone. Les bras grands ouverts. Il a pour projet de l'embrasser.

« Simone Mahé ?

— Oui, Yvan Le Guennec ?

— J'ai été absolument enchanté de faire votre connaissance !

— Finalement on se vouvoie ?

— Je tiens à ce que cet instant soit solennel.

— Très bien… Alors sachez, cher Yvan, que moi aussi j'ai été ravie de vous rencontrer.

— Et nous pourrons remercier nos mamans d'avoir pris l'initiative, au départ certes contestable mais à l'arrivée tout à fait enthousiasmante, de ce rendez-vous… »

Les ronflements de la chambre d'en haut redoublent…

« Mais on attendra demain car j'ai l'impression qu'elles ont le sommeil lourd ! »

Il s'approche encore de Simone. Avant qu'il n'arrive à sa hauteur, elle attrape la bouteille vide et l'agite devant lui…

« Je crois que Le Narval est encore ouvert… Contrairement à ma mère, je n'ai pas envie de dormir tout de suite… »

Il referme ses bras et met ses mains dans ses poches.

« Simone Mahé, vous n'êtes pas raisonnable ! »

Elle joue la vexation et ils partent, bras dessus bras dessous, au Narval où les lumières de la terrasse éclairent la nuit. Nuit étoilée de Van Gogh. Il est plus d'une heure du matin et Arles se situe dans le Finistère…

Comme un coup de massue. Est-ce la sirène du phare ou l'alarme de son réveil? Elle enfouit sa tête sous l'oreiller. Échapper au geignement strident et répétitif. C'est violent et lancinant à la fois. L'oreiller ne suffit pas. Le son est certes étouffé mais agit avec la même vivacité sur ses nerfs. Si elle avait une pelle à sa disposition, elle s'en servirait pour exploser son téléphone portable. Mais on s'endort rarement avec une pelle à ses côtés. À part les jardiniers distraits et les serial killers consciencieux. Simone n'est ni l'un ni l'autre.

Elle émerge petit à petit. Ouvre les yeux avec précaution. La lumière du jour a pris possession de la chambre. En rentrant cette nuit, elle a dû oublier de fermer les volets. Elle était dans un tel état… Pourquoi lorsqu'on est ivre, cherche-t-on à se faire discret, par exemple en n'allumant pas la lumière, provoquant le résultat diamétralement opposé à celui escompté ? Elle a balancé ses chaussures à l'autre bout de la pièce. S'est cognée à l'armoire lorsqu'elle s'est maladroitement déshabillée. Elle s'est laissée tomber sur son lit, seulement vêtue d'un tee-shirt long improbable, attrapé au hasard.

Gueule de bois. Ses muscles faciaux sont comme paralysés. Ça cogne. Elle porte ses index à ses tempes. Son sang est lourd. Pâteux. Il force le passage. Ça circule mal ce matin dans le système veineux de Simone.

Elle prend sur elle. Sort son bras gauche de la couette. Il pèse une tonne. Et arrête la sonnerie du réveil en balayant grossièrement l'écran de son téléphone… Elle ne doit pas se rendormir. Dans une heure et demie, elle devra être à la librairie. De toute façon, pourrait-elle replonger dans le sommeil avec un mal de crâne pareil ? Sans doute pas.

Elle réussit à s'asseoir tant bien que mal. Attrape la bouteille d'eau qui habite systématiquement sa table de nuit. Elle en vide une bonne partie. D'un trait. Elle aurait mieux fait de boire cette flotte avant de se coucher…

Après quelques secondes à fixer bêtement le mur, elle prend son téléphone. Le consulte. Il y a un message non lu. Elle l'ouvre. C'est Yvan. « Merci pour cette délicieuse soirée. N'oublie pas de remercier ta mère d'avoir organisé ce moment et aussi pour t'avoir mise au monde. On se revoit vite ? Tu as intérêt à dire oui. Comme ça, la mienne, de mère, me foutra la paix. » Simone sourit comme les pictogrammes qui ponctuent le message. Vu l'état probable de son foie après tout l'alcool ingurgité, il se peut qu'elle soit aussi jaune qu'eux. Elle va vérifier dans le miroir de la salle de bains... Elle n'est pas jaune, elle est grise. Ses yeux sont descendus d'un cran.

Elle part se doucher. Ses jambes sont lourdes. Elle a du mal à les lever pour mettre un pied devant l'autre... L'eau qui s'abat sur le sommet de son crâne commence par lui faire mal. Puis, progressivement, elle la réveille sans plus la faire souffrir. Ça devient même assez bon. Son corps s'allège... Au bout de dix minutes il ne reste de souffrance que cette enclume qui cogne son front à l'intérieur. Un cachet d'aspirine s'impose. Et même deux. Elle espère qu'il y en a encore dans l'armoire à pharmacie. C'est toujours quand on en a besoin qu'on n'en trouve pas.

Pour se sécher, elle y va doucement. Prendre son temps. Ne pas brusquer l'anatomie qu'on a mise à rude épreuve. Parfois une serviette-éponge peut consoler un corps. En le frottant doucement, avec presque de la tendresse, elle lui demande pardon. Elle lui dit qu'elle ne recommencera pas. C'est faux bien sûr mais la biologie a si peu de mémoire...

Pour se brosser les dents, en revanche, elle met une énergie folle. Envie de récurer cette bouche pâteuse. Effacer l'haleine tabagique... Qu'est-ce qui lui a pris de taxer des cigarettes à la table d'à côté ?

Elle n'avait plus fumé depuis sa première année de fac. Ça a amusé son compagnon d'une nuit. Lui n'a jamais fumé de sa vie. « Il n'est jamais trop tard pour commencer », lui a-t-elle dit. Il a refusé poliment. Elle l'a félicité. « Ne crois pas que je suis un saint. Si je ne fume pas, c'est stratégique.

Je me dis toujours que si je dois embrasser quelqu'un, on ne sait jamais, il n'aimerait pas mettre sa langue dans un cendrier. » « Est-ce à dire que nous ne nous embrasserons pas sur la bouche ce soir ? » Il lui a pris la main et lui a dit : « Ce doit être notre destin… »

Elle ouvre l'armoire à pharmacie. Elle a de la chance… Elle plonge un cachet d'aspirine dans le verre à dents dont elle vient de se servir pour se rincer la bouche. Elle laisse le comprimé se dissoudre dans l'eau en se concentrant sur la petite ébullition que le phénomène engendre à la surface… Le goût du médicament est désagréable. Âpreté et amertume. Mais l'absorption du liquide frais compense.

Encore en peignoir, elle prend la direction de la cuisine. Elle se compose une allure. Ne pas trop traîner les pieds. Remonter les traits de son visage en écarquillant exagérément les yeux. Elle aimerait ne pas tomber sur sa mère… Et bien sûr, elle tombe sur sa mère.

Elisabeth est assise sur un tabouret haut de la cuisine. Devant elle, une petite assiette contenant des miettes de biscottes. Sur le dos, son ciré jaune. Sur sa tête, son chapeau de pluie. Une valise à ses pieds. Elle a la voix froide. Froide et claire.

« Visiblement, ta soirée avec le petit Le Guennec ne s'est pas si mal passée ? »

Simone sourit intérieurement. Cette expression, « le petit Le Guennec », n'a plus du tout le même sens qu'il y a seulement douze heures… Que fait Yvan là, maintenant ? Dort-il encore ? Affronte-t-il lui aussi sa mère au réveil ? Le petit chéri à sa maman. Il lui a tout raconté cette nuit…

La mère Le Guennec a couvé son fils. Yvan. Son petit prince. Un modèle. La sœur cadette devait en prendre de la graine. Marcher sur les traces de son aîné. Ce garçon se tient si droit. Il cochera toutes les cases, c'est sûr. Les bonnes, évidemment.

C'est le père qui a établi la feuille de route. Martine Le Guennec gère l'attelage. Il faut que ça avance. Au trot. La petite traîne un peu à l'arrière. À l'avant, en revanche, pas de fausse note. L'enfant blond aux yeux bleus fait son chemin. Il passe d'autant plus brillamment les obstacles qu'il n'y en a pas. La mère est fière. Elle se délecte des compliments qu'elle reçoit en rougissant un peu. Pas trop. Chez les Le Guennec, on n'en fait jamais ni trop ni trop peu. « Yvan est si bien élevé ! » « Quel bon élève ! » « Et puis il est beau, ce qui ne gâche rien. » C'est du miel. La bonne aventure se dit devant l'école, à la sortie des classes. « Il est brillant, il ira loin, et avec ce physique, les filles tomberont comme des mouches. » Martine Le Guennec biche. C'était Windsor en Bretagne. Yvan du Finistère et William de Cambridge.

La sœur n'a pas réussi à suivre le rythme. C'était à prévoir. Au fond, ce n'est pas si grave. Elle est jolie, elle aussi. Ça suffit. Elle ne manquera pas de prétendants. Elle aura un mari et un toit sur la tête. Délesté de la retardataire, le convoi peut reprendre sa route. Le collège, le lycée et puis après les hautes études certainement. Le père vise polytechnique ou HEC. La mère aussi, du coup. Il aura une bonne situation.

C'est comme ça qu'on disait chez les Le Guennec. Il aura une bonne situation… Et une fiancée aussi. L'aura-t-il rencontrée à Paris pendant ses études? Ou après, dans la grande entreprise dont il ne tardera pas à prendre la direction? Ce sera une fille de bonne famille. La grande bourgeoisie parisienne. Michel et Martine Le Guennec sauront faire en sorte de gommer la légère différence sociale entre les deux camps. Avec les convenances, on n'y verra que du feu… Michel n'a pas fait l'ENA et n'est pas à la Cour des comptes comme le beau-père, d'accord. Mais son diplôme de Sup de Co Angers et son poste de directeur d'un des plus gros hypermarchés de la région, ce n'est pas rien. L'union de leur fils et de Marie, elle s'appellera Marie ou quelque chose comme ça, sera célébrée dans le parc de la propriété de Sologne des beaux-parents. Ils auront l'élégance, c'est de leur milieu, de mettre un peu plus la main au porte-monnaie pour l'organisation du mariage sans le faire remarquer. Les Le Guennec inviteront cinquante personnes. Les beaux-parents, deux cents. Dans le lot, il y en aura bien un qui fera honte. Un cousin attardé mental qui balancera les mignardises à travers la salle de bal. Ou le gardien de la propriété, ivre mort dès le vin d'honneur. « On était bien obligés d'inviter Marcel, ça fait trente ans qu'il travaille pour nous! » Ces fautes de goût du camp d'en face permettront de faire oublier que les Le Guennec en manquent un peu parfois… « Il a fait un beau mariage, votre fils! » Quand Martine entendra sa boulangère lui dire ça, ce sera la reconnaissance d'un travail accompli.

Et puis viendra un enfant. Blond comme ses parents. Un enfant *Figaro Magazine*. Mamie Martine lui fera oublier que chez elle il n'y a pas de piscine, contrairement à la Sologne, en le gavant de sucreries et de tours de manèges. Un bassin est vite oublié dans une autotamponneuse.

Alors les Le Guennec pourront se reposer. Martine lâchera les rênes. Michel n'aura plus, le soir, à peaufiner ses plans. Objectif atteint.

Oui mais voilà, ça ne s'est pas passé comme ça. Yvan l'a dit à Simone, la nuit dernière...

Elisabeth a des allures de statue pharaonique. Elle ignore magistralement le monde en le dominant. C'est possible. Même en ciré jaune.

« Tu noteras, ma fille, que cette nuit, en rentrant, j'ai été d'une grande discrétion. Je ne voulais pas déranger. J'étais surprise qu'il soit encore là à cette heure. Vu l'enthousiasme dont tu as fait preuve quand je t'ai parlé de ce dîner...

— Comme quoi, tout arrive... »

Le flou de Simone fait sortir sa mère de son hiératisme. Une certaine nervosité fendille son sarcophage.

« J'ai eu du mal à trouver le sommeil... Vous n'arrêtiez pas de rire bêtement ! »

La libraire ne répond pas. Elle se déplace lentement dans la cuisine. Elle se prépare une tasse de thé avec la nonchalance agaçante de ceux sur qui tout glisse... Bouche pincée d'Elisabeth.

« Je n'ai pas dormi de la nuit mais ce n'est pas grave. Si tu as passé une bonne soirée, c'est l'essentiel ! »

Tandis que Simone absorbe sa première gorgée de thé, elle regarde sa mère qui se referme. Elle est là. Avec son ciré jaune, son chapeau de pluie, sa valise. L'ours Paddington a la tête d'une vieille femme ce matin.

« Tu ne me demandes pas pourquoi ? »

Simone, toujours silencieuse, on n'entend que sa déglutition, interroge sa mère du regard. Regard vaporeux.

« Pourquoi je suis dans cette tenue ?

— Parce qu'il pleut dehors sans doute.

— Et la valise ? Tu ne te demandes pas pourquoi j'ai ma valise à mes pieds ?

— Non…

— Eh bien tu n'es pas curieuse, ma petite fille ! Ou alors, tu te fiches complètement de ta mère, comme toujours. »

Est-ce sa nuit avec Yvan qui a anesthésié Simone ? La culpabilité, cette glu, ne l'atteint pas ce matin. Comme si la brume qui s'est installée dans son crâne l'en protégeait. La gueule de bois a des avantages…

Si la vie de Simone n'a pas commencé à ses cinq ans, sa mémoire si. Elle n'a aucun souvenir de son père vivant. Son père qui sans doute, par sa seule présence, était un dérivatif. Une alternative à sa mère. Combien sont-ils à avoir tenté de la délivrer du sortilège ? Il y a Sophie bien sûr. La meilleure amie. Des années qu'elle essaye. « Tu n'as rien à te reprocher ! » Et puis Florian aussi en son temps. « J'aime beaucoup ta mère… » Il mentait. Elle faisait semblant de le croire. « Mais tu devrais la tenir à distance. » Et puis Camille de Chatou aussi. Il aurait pu. S'il avait réussi à emporter le cœur d'Elisabeth, il aurait été un barrage. Il serait venu casser le couple que Simone formait avec sa mère. On ne vit bien qu'en triangulation.

« Alors ? »

Simone pose violemment sa tasse.

« Alors quoi ?!

— Ma valise… Tu ne me demandes pas pourquoi j'ai fait ma valise ?!

— Tu me fais le coup toutes les semaines ou presque, maman ! La scène des adieux, je la connais par cœur ! Tu vas commencer par m'expliquer que tu pars pour mon bien. Et puis tu vas induire, comme un poison lent et sournois, l'idée que c'est moi qui te chasse. Tu vois, rien d'original… Ah si, il y a une nouveauté, la valise. Cet accessoire, c'est nouveau… »

Simone fixe sa mère. Œil moqueur.

« Tu fais du cinéma, maman. Je suis sûre qu'elle est vide ta valise… »

Elisabeth soutient le regard de sa fille. Comme dans un duel. Plans serrés. Champ, contrechamp. Sergio Leone. Ennio Morricone. *Il était une fois dans l'Ouest.*

Quand Simone était enfant, sa mère ne manquait jamais « La Dernière Séance » sur FR3. Deux fois sur trois, on y passait un western. Quand Eddy Mitchell apparaissait à l'écran, la fillette voyait sa mère heureuse. C'était suffisamment rare pour être remarqué… Mardi soir. Il n'y avait pas école le lendemain. La petite avait le droit de veiller. Elisabeth allumait la télévision et invitait son enfant à venir s'installer près d'elle en tapotant l'assise du canapé. C'était comme sur le muret sauf que là, c'était voulu par la mère.

Mieux, elle aimait ça. Et le montrait. Parfois, Simone avait même le droit à un cône glacé. Chocolat et vanille. Ou des bonbons. Elle s'en souvient, c'étaient des Michoko. Elisabeth, qui d'habitude n'achetait jamais ce genre de trucs, se sentait peut-être encouragée par la belle, quoiqu'un peu vulgaire, ouvreuse qui se tenait à côté d'Eddy, souriante, toujours souriante, avec son panier en osier rempli de confiseries. La petite regardait sa mère discrètement. Ce n'était pas l'ouvreuse qui la faisait sourire. C'était le présentateur-chanteur. Plus qu'amusée, elle semblait séduite. Il y avait donc des hommes qui pouvaient séduire Elisabeth. Simone ne comprenait pas pourquoi. Elle le trouvait laid avec son gros nez et ses cheveux laqués. Son père était mieux. En tout cas sur la photo dans son cadre. Il était mort depuis combien de temps à cette époque ? Cinq ans ? Peut-être six… La veuve buvait les paroles d'Eddy Mitchell. Il y avait beaucoup de noms américains. Richard Thorpe, Robert Mitchum, Sam Peckinpah, John Wayne, Raoul Walsh, Burt Lancaster… Et dans les titres des films, il était souvent question de vallée. *La Vallée de la peur*, *La Vallée de la vengeance*, *La Vallée du solitaire.* Cette obsession américaine pour les vallées… Une fois, Simone avait entendu le terme « western spaghetti ». « Joue pour ton grand frère, ça lui fera plaisir… » Elle ne voyait pas le rapport entre ce joueur d'harmonica et la cuisine italienne. Quoique Charles Bronson aurait pu faire des pizzas dans une autre vie.

D'où venait l'amour de sa mère pour les cow-boys, les Indiens, les vallées du Far West, les trains dans le désert et ces poursuites infernales ? Un jour, elle devait avoir douze ans, Simone lui a demandé. Elisabeth, du bout des lèvres, a répondu : « C'est la faute de ton père si j'aime ça... » Et puis elle a éteint le téléviseur et a dit à sa fille qu'il était temps d'aller dormir.

« Alors comme ça, tu penses que je fais du cinéma ? Tu penses vraiment que ma valise est vide ? »

Les deux femmes se défient du regard. Pour la première fois, Simone voit les rides de sa mère. Elles sont profondes. Des sillons creusés. Comme ceux de ces acteurs de western qu'elle regardait enfant. Ces trognes qui ont vécu. Le sel de la mer marque autant les visages que le sable du désert.

L'instant est suspendu... Jusqu'à ce qu'Elisabeth se lève, empoigne la valise, la place à la hauteur du regard de sa fille et l'ouvre d'un geste théâtral. Elle se vide presque d'un coup. Des vêtements et une trousse de toilette gisent maintenant sur le sol de la cuisine. La mère n'a pas quitté sa fille du regard. Son sourire est triomphant. Simone tente de se composer le même. Elle a du mal. Mais elle essaye quand même...

« Bravo, maman ! Tu m'avais habituée au théâtre de boulevard mais maintenant, c'est carrément l'Actors Studio...

— Tu ne me crois pas capable de partir ?

— Je suis comme saint Thomas, je ne crois que ce que je vois. Et là, je ne vois rien. À part une femme aigrie et ses sous-vêtements par terre. »

Elisabeth ramasse ses affaires, les remet dans la valise qu'elle boucle.

« Je pars, Simone ! Je pars parce que maintenant je sais...

— Tu sais quoi ?

— Je sais que si je ne pars pas de moi-même, c'est toi qui finiras par me jeter dehors. Me jeter dehors de ma propre maison…

— Ton petit numéro ne me fait plus ni chaud ni froid… »

C'était au Narval, la nuit dernière. Yvan a raconté à Simone toutes les fois où Martine Le Guennec n'a pas écouté son fils lui dire qui il est. Qui il est vraiment. Et puis le moment où lui aussi a décidé de faire comme si. En se taisant. En ne répondant pas aux questions sibyllines de sa mère. « Quand songeras-tu à te marier, mon chéri ? Et les enfants ? Tu n'as pas envie d'avoir des enfants ? Je suis certaine qu'il y a des jeunes femmes qui rêveraient de fonder une famille avec toi… Tu dois être trop difficile mais tu risques de le regretter. Tu sais, tu peux nous ramener une fiancée à la maison. Qui que ce soit, ton père et moi, nous l'aimerons certainement beaucoup. » Martine Le Guennec ne sait pas. Ou alors elle fait bien semblant. Et Michel Le Guennec ? Il ne parle à son fils que de sa carrière. Yvan a fait des Sciences po. Son père aurait préféré qu'il fasse Polytechnique. Directeur de cabinet du maire de Rennes, il ne comprend pas bien de quoi il retourne. Un genre de fonctionnaire. C'est décevant. La vie amoureuse de son fils ne l'occupe pas. Ce n'est pas son affaire. Ils n'en parlent jamais. « L'intime, c'est l'affaire des femmes », a dit Yvan à Simone entre deux gorgées de mojitos. Elle a trouvé ça drôle. Et un peu misogyne. Elle lui a fait remarquer. Il a fredonné *Macho Man* de YMCA. « Ça me va bien YMCA, non ? » Et puis il a dit qu'il n'avait jamais vu une femme tenir un fusil. « Les femmes donnent la vie, les hommes ne savent que donner la mort. » Elle lui a signifié qu'elle comme ses congénères n'étaient ni des saintes ni des poupées de porcelaine.

Simone n'a eu qu'une poupée. Elle s'appelait Charlotte. Un prénom que la petite fille n'avait pas choisi. Un prénom sorti d'usine. L'inscription sur l'emballage avait tenu lieu de fiche d'état civil. Elle n'avait jamais vraiment joué avec. Charlotte était posée sur une étagère. Sage dans sa robe rouge à col Claudine. À ses pieds, des ballerines d'un noir luisant. Ses cheveux synthétiques étaient lisses. Les années ne l'avaient pas décoiffée. Et ses yeux bleu azur qui regardaient éternellement dans la même direction. Ils avaient la faculté d'effrayer Simone. Quand la poupée ne faisait pas peur à la petite fille, elle l'agaçait. Son imperméabilité au temps et aux choses la mettait en colère. Un jour, elle l'a descendue de son étagère. A pris une paire de ciseaux. Et lui a coupé les cheveux salement. Puis, avec des feutres, elle l'a maquillée vulgairement. La petite poupée parfaite ressemblait maintenant à une vieille folle. Quand Elisabeth est entrée dans la chambre, qu'elle a vu l'état de Charlotte, elle l'a prise et l'a jetée à la poubelle. Puis elle a giflé Simone. « Petite idiote, c'est ton père qui te l'avait offerte ! »

Simone s'est beaucoup confiée à Yvan cette nuit-là. Mais pas le massacre de la poupée. Elle ne l'a jamais raconté à personne. Sa part d'ombre. Une part d'ombre inavouable. Cette envie de détruire ce qui est beau et ce qui va de soi. Comme la poupée. Comme son bébé avorté. Comme cette fois où, invitée à dîner chez Sophie et Julien, leur bonheur conjugal apparent l'a poussée à se rapprocher du mari de sa meilleure amie toute la soirée. L'envie. La jalousie. Cette complicité agaçait Sophie. Simone le sentait. Elle jubilait d'autant plus… De retour chez elle, elle se trouva vraiment dégoûtante. Dégoûtante et honteuse.

Elisabeth, la valise toujours à la main, n'a pas bougé. Ça bout pourtant à l'intérieur.

« Si je pars, ma petite fille, c'est surtout pour lui laisser la place !

— Laisser la place à qui ?

— Tu le sais très bien ! Ne fais pas l'innocente ! Je laisse ma place au petit Le Guennec ! Comme ça, vous pourrez vous grimper dessus tranquillement ! »

Les Mahé et les Le Guennec sont voisins depuis toujours mais n'appartiennent pas tout à fait au même milieu. Plus encore qu'elle se voit, la différence s'entend. Le langage trahit souvent plus que les attitudes ou l'allure…

Les Le Guennec sont discrets. Ils n'abordent pas tous les sujets. Ils en abordent peu en fait. Camus aurait dit qu'un Le Guennec, ça s'empêche. Les Mahé, eux, sont des pêcheurs. Ils ont de grosses mains prises dans les filets. Leur passé est un présent dans lequel ils se débattent. Ils n'ont pas le temps de penser au lendemain. Ils sont en première ligne. Alors ils subissent en fermant leur gueule ou ils affrontent en gueulant. La marge de manœuvre est inexistante. Chez les Mahé, on n'a pas le choix. Soit on l'ouvre, soit on la ferme. Et qu'importe ce qu'il advient puisqu'il n'advient jamais rien.

« Maman, tu deviens très vulgaire…

— Je t'en prie ! Ne fais pas ta sucrée ! Je pars pour que monsieur Le Guennec fils puisse avoir sa petite Simone pour lui tout seul.

— Tu es folle, maman…

— Tu ne crois tout de même pas que je vais rester là ? Je n'ai pas très envie de me retrouver au petit déjeuner devant l'intimité de ce garçon !

— C'est énorme…

— Épargne-moi les détails sur ses mensurations !

— C'est la situation qui est énorme !

— Je ne te le fais pas dire. Se débarrasser de sa pauvre mère âgée pour un type qu'on connaît à peine, c'est effectivement énorme… »

Simone préfère en rire. Un rire jaune. Elle va devoir appeler le docteur Dumont. Elisabeth perd la tête. Elle a besoin d'aide. Celle de sa fille ne suffit plus. Que lui répondra-t-il ? Qu'on ne place pas sa mère en maison parce qu'elle est persuadée que sa fille couche avec le voisin ?

« Dis donc, maman, tu ne serais pas en train de me faire une crise de jalousie par hasard ?

— Non, je m'incline le plus élégamment possible devant la monstruosité de ma fille !

— Ma monstruosité ?! Ce n'est pas toi qui me disais, pas plus tard qu'hier, que ma vie était un échec, que je ferais bien de sauter sur le premier venu pour qu'il me fasse un enfant ? Et tout ça à mon corps défendant… »

Elisabeth pose calmement sa valise. Et va s'asseoir, tout aussi calmement, face à sa fille.

« Visiblement, ton corps ne s'est pas défendu très longtemps hier soir… Tu avais raison, je n'aurais pas dû t'appeler Simone. J'aurais dû t'appeler Marie. Marie couche-toi-là !

— Non mais j'hallucine… »

Cette dernière réplique lui revient en écho. C'est pathétique. À quarante ans, Simone est toujours dans l'adolescence. Cette façon qu'a sa mère de la maintenir dans un âge qui n'est pas le sien…

« Toute la nuit, j'ai dû subir l'immonde témoignage de vos ébats. Je suis peut-être vieille mais je ne suis pas sourde ! J'en ai encore des frissons de dégoût…

— Nos ébats ?

— Parfaitement, vos ébats. Je vous ai entendus rire toute la nuit ! »

Simone pose ses coudes sur la table et sa tête sur ses poings en support. On dirait une professeure qui s'apprête à faire la leçon à des élèves désespérants.

« Je te ferai remarquer que quand on a un orgasme, on est rarement mort de rire… Ah mais je suis bête ! Tu ne sais plus ce qu'est un orgasme. Pas plus que tu ne sais ce qu'est un fou rire. Depuis la mort de papa, tu n'as plus vécu ni l'un ni l'autre. Trente-cinq ans sans rire, trente-cinq ans sans caresses, c'est long… »

Objectif atteint. Touchée. Coulée. Elisabeth renifle maintenant, le front quasiment collé sur le formica de la table de la cuisine. Cette fois, elle ne fait pas semblant… Simone s'en veut à présent. Elle y est allée un peu fort. Elle détourne la tête de ce petit tas de vieillesse qui mouche. Elle baragouine maintenant…

« Pourquoi tu me parles de ton père ? Pourquoi tu remues le couteau dans la plaie ? Ça ne vous suffit pas, à ton amant et toi, de me jeter dehors ? »

Simone esquisse un sourire désabusé.

« Mon amant, si tu savais… »

Elisabeth se redresse avec difficulté. Elle se lève. Empoigne à nouveau sa valise. Son ciré jaune toujours sur le dos, son chapeau de pluie toujours sur la tête, elle regarde une dernière fois sa fille. Le regard est fatigué. La voix, cassée.

« Je pars comme ton père. Sauf que moi, j'ai le courage de te faire mes adieux les yeux dans les yeux…

— Arrête de raconter n'importe quoi, maman…

— Adieu, ma fille. »

Simone voit sa mère se diriger vers la sortie. Elle n'a pas la force de la retenir. Et peut-être pas l'envie non plus.

Cette nouvelle dispute n'a pas arrangé son mal de crâne. Simone est lasse. Toujours assise sur son tabouret haut de cuisine. Elle va laisser passer l'heure d'ouverture de la librairie. Tant pis. Elle est disposée à se laisser aller. Pour une fois… Il est possible de ne penser à rien. Sauf au fait qu'on ne pense à rien. Et à l'afflux sanguin qui frappe encore les tempes. Se concentrer sur sa biologie et oublier le reste. C'est parfois en cultivant le vide qu'on se dit qu'on est en vie. Et elle est en vie…

Sophie lui a conseillé des disques de méditation en pleine conscience. « Avec ce que te fait subir ta mère, ce n'est pas du luxe. » Elle a essayé. Une voix monocorde sur des sons de ruisseaux ou des chants d'oiseaux. Elle s'est endormie au bout de quelques minutes. C'est un peu ridicule de mettre un disque dans la platine alors qu'il suffit d'ouvrir la fenêtre pour entendre le va-et-vient de l'océan, les mouettes et les goélands. Quand elle l'a fait remarquer à sa meilleure amie, celle-ci n'était pas très contente. « Tu es irrécupérable, ma pauvre Simone. » C'était la première fois que Sophie l'appelait comme ça. Ça a jeté un froid. Le premier. Et pas le dernier. L'infirmière a l'impression que les conseils qu'elle prodigue, gentiment, c'est le terme qu'elle a utilisé quand elle en a parlé à son mari, à Simone restent de plus en plus souvent lettre morte. Ce n'est pas qu'une impression. C'est la vérité. La libraire en a un peu assez que Sophie lui veuille du bien. C'est une amie qu'elle souhaite avoir, pas une manageuse. Et cette façon qu'elle a de mélanger ce qui est bon pour elle avec ce qui est bon pour Simone, c'est énervant à la fin. Comme ce jour où elle a découvert le yoga. Une révélation. Qu'elle devait forcément partager. Simone n'a pas vraiment eu le choix. « Je t'ai inscrite au cours du mardi. Tu verras, ça te fera un bien incroyable. » Voilà comment elle s'est retrouvée assise en tailleur dans une salle éclairée aux néons d'un centre associatif et culturel. Il fallait prendre des positions aussi étranges que leurs noms le suggéraient. L'atelier était animé par Corinne qui, visiblement, avait renoncé aux artifices auxquels les femmes ont souvent recours. Ses cheveux gris n'avaient pas dû voir un coiffeur depuis longtemps. Pas de maquillage non plus. Son teint naturel n'était pas uniforme. Loin de là. Alternance de plaques rouges. La conséquence peut-être de la chaleur de l'endroit. Et des sillons noirs sous les yeux qui témoignaient de nuits difficiles. La pratique du yoga ne favorise pas forcément un sommeil de sénateur. On ne pouvait pas lui donner d'âge. Peut-être quarante. Ou cinquante. Ou soixante. Corinne a accueilli Simone ainsi : « Tu verras, ici, tu laisseras toute ton énergie négative. » Sophie avait dû lui parler au préalable… Après le cours, les deux amies sont allées boire un verre. Jus de carotte pour Sophie. Chardonnay pour Simone. Et les reproches qui allaient avec. « Tu ne devrais pas boire d'alcool après le yoga. » Simone a confirmé. Oui, elle ne devrait pas boire d'alcool et oui, elle allait quand même boire de l'alcool… La posture du lotus, du héros allongé, de la sauterelle, du roseau et de la tortue, tout ce qui avait produit une gymnastique ridicule du côté de Simone avait été parfaitement exécuté par Sophie et aurait dû l'amener à la paix intérieure. Pourtant, une heure plus tard, entre deux gorgées du liquide orange, elle crachait sa colère contre son métier, l'hôpital, ses collègues, les patients… Simone en vint à ne plus savoir si Sophie faisait du yoga parce qu'elle était en colère ou si elle était en colère parce qu'elle faisait du yoga. Pour la calmer un peu, elle lui avait répondu que son métier d'infirmière était nécessaire. Qu'il faisait du bien aux gens. « Tu parles ! C'est Corinne qui fait du bien aux gens ! Si ça continue comme ça, je vais abandonner l'hôpital. Et devenir prof de yoga… Ne ris pas, Simone ! Je suis très sérieuse ! » Simone a arrêté de rire. Et arrêté le yoga aussi. Ça n'a pas plu à Sophie. « Fais comme tu veux. Mais tu ne viendras pas te plaindre toutes les fois où tu seras pleine d'énergie négative ! » Une mouette s'est posée sur la table d'à côté. « Elles sont pénibles ces mouettes ! Allez, barre-toi ! » « Tu es sûre que c'est moi qui suis pleine d'énergie négative ? » a dit Simone en riant. Ça n'a pas fait sourire Sophie. Parfois Simone a envie de remercier sa meilleure amie. Au sens figuré. La remercier. La licencier. La congédier.

Quand Simone habitait Paris, ce qui lui manquait le plus de la Bretagne, c'était justement le cri des mouettes. Les goélands. Les sternes et les guifettes. Il est difficile de les distinguer. Les rieuses. Celles qui s'esclaffent au petit matin. Elisabeth les a toujours détestées. « Elles nous emmerdent, celles-là ! » Simone les a toujours aimées. Elles rappellent aux humains la possibilité du départ. Une certaine idée de la liberté. Des clochardes célestes. Cette façon hautaine qu'elles ont de faire les poubelles. Et repartir au-dessus de l'océan comme des reines. Des égoïstes qui se déplacent en groupe. Les mouettes prouvent au genre humain que la solitude n'est vivable qu'à plusieurs. Partir. Revenir peut-être. On verra bien… Le père de Simone est parti mais n'est jamais revenu. La mort était-elle le prix de sa liberté ? Un homme n'est pas une mouette, hélas.

Son téléphone vibre. C'est Yvan Le Guennec. Elle pense à sa mère, au « petit Le Guennec », et ça la fait sourire en décrochant.

« Je ne te dérange pas ?

— Non, tu ne me déranges pas.

— J'émerge à peine… »

Elle aurait pu se passer de cette précision. Yvan a encore les cordes vocales endolories par les volutes de cigarettes. Il a fini par craquer en toute fin de soirée. Ils n'allaient pas s'embrasser sur la bouche de toute façon. Elle l'imagine avec une trace d'oreiller fraîche sur le visage. Ça la touche…

« Le réveil était difficile en effet.

— Notre nuit fut courte.

— À qui le dis-tu…

— Tu es sûre que ça va ?

— J'ai un mal de crâne épouvantable. Il résiste aux cachets d'aspirine.

— Sans doute… Mais je perçois quelque chose dans ta voix qui indique que le problème n'est pas que médicamenteux. »

Elle est là, la différence entre Sophie et Yvan. Sa meilleure amie, qui ne l'est peut-être finalement pas tant que ça, lui aurait immédiatement fait la morale sur les méfaits des soirées à rallonge et des mélanges alcoolisés. C'est à croire que Sophie veut éloigner Simone de sa mère dans le seul but de prendre sa place.

« C'est ma mère…

— Vas-y, raconte…

— Elle m'a encore fait une crise épouvantable ce matin mais ce n'est pas très intéressant.

— Mais si ! J'adore quand ça secoue. Et puis ça va me réveiller. Je t'écoute…

— Ma mère pense non seulement que nous avons couché ensemble, mais qu'en plus nous allons la jeter dehors pour vivre une grande histoire d'amour tous les deux. »

Silence à l'autre bout du fil qui n'existe plus. Une dizaine de secondes…

« Et alors ? Ce n'est pas vrai ?

— Qu'est-ce qui n'est pas vrai ?

— Que nous allons vivre une grande histoire d'amour tous les deux… »

Nouveau silence. Cette fois, c'est Simone qui passe son tour. Un doute s'installe. Est-il sérieux ? Son éclat de rire vient répondre à la question.

« Je plaisante ! Tu verrais ta tête…

— Tu ne sais pas comment est ma tête, nous sommes au téléphone !

— Je n'ai pas besoin de la voir. Je la devine. Et je suis à peu près certain de ne pas me tromper. Je te connais par cœur…

— Prétentieux ! Hier à cette heure-là, je te rappelle que nous ne nous connaissions pas. »

Elle dit le contraire, pourtant Simone a l'intuition qu'il est dans le vrai. Une nuit peut valoir une vie.

« Au lieu d'envoyer balader ta mère, tu aurais dû la féliciter.

— Qui te dit que je l'ai envoyée balader ?

— C'est ce que j'aurais fait, moi.

— Tu marques un point… Et puis-je savoir pourquoi j'aurais dû la féliciter ?

— Parce que ta mère a deviné que toi et moi, c'est un coup de foudre. »

Cette fois, Yvan ne plaisante pas. On le sent à l'intonation de sa voix. Elle prend en profondeur. Pas en gravité mais en profondeur. Et c'est joli. Il reprend…

« Amical, bien sûr, le coup de foudre… »

On entend le regret dans le combiné. Un regret pas si grave. La tendresse de la fatalité.

« Tu l'as dit à ta mère ?

— Quoi donc ?

— Que ce coup de foudre est platonique ?

— Je n'ai pas eu le temps. Elle m'a fait une scène et est partie je ne sais où. Et toi, tu l'as dit, à ta mère, que tu vivais avec… Quel est son prénom déjà ?

— Erwan.

— C'est ça, Erwan… Tu lui as dit, à ta mère, que tu vivais avec Erwan ?

— Oui. »

Simone n'en revient pas. Après toutes ces années de non-dits, d'hésitations, de renoncements, il l'a fait. Il l'a dit.

« Tu lui as dit quand ?

— Cette nuit. Quand je suis rentré. Je me suis retrouvé dans ma chambre d'adolescent. Il y a encore mon poster de Wham ! sur le mur. Mon taux d'alcoolémie avancé et George Michael, ça m'a fait un déclic. Je n'ai pas trop réfléchi… Je suis entré dans la chambre de mes parents sans frapper. J'ai allumé la lumière en grand. Les pauvres, tu les aurais vus, ils ont bondi comme si des flics venaient les perquisitionner ! Je ne leur ai pas donné le choix. Je leur ai dit que je les attendais dans le salon. J'avais quelque chose d'important à leur dire. Je ne leur ai pas non plus laissé le temps de protester. Et j'ai refermé leur porte. Sans éteindre la lumière bien sûr.

— Ils sont venus ?

— Oui. Ils m'ont obéi comme des robots. L'effet de surprise sans doute… J'étais assis au salon dans le fauteuil de mon père. Ils étaient debout devant moi. Lui en pyjama. Elle en chemise de nuit. Ils n'avaient même pas pris le temps d'enfiler leurs pantoufles. D'habitude, ils ne sont jamais pieds nus. Je n'ai pas attendu qu'ils me posent de question. Je leur ai dit de but en blanc que j'étais homosexuel, que j'avais toujours été homosexuel, que je vivais avec Erwan, un garçon très sympathique. J'ai dit à mon père qu'il pouvait se réjouir, Erwan avait un gros poste à la préfecture maritime, à trente ans seulement, qu'à ce rythme-là, il finirait peut-être ministre de la Mer. À ma mère, je lui ai dit qu'Erwan avait autant d'admiration pour moi qu'elle. Que parfois, même, dans ses réactions, il me faisait penser à elle. Qu'il lui arrivait à lui aussi d'en faire un petit peu trop me concernant. Qu'elle devait être rassurée. Il m'aimait. Il m'aimait vraiment. Et que c'était réciproque.

— Tu leur as dit tout ça d'un coup ?

— Oui. Ils n'ont pas pu en placer une. Je ne sais d'ailleurs pas s'ils en avaient envie.

— Ils ont réagi comment ?

— Ils n'ont pas réagi. Ils sont restés là, debout, devant moi, silencieux… J'ai ajouté que la prochaine fois qu'ils me verraient, ce serait avec Erwan. Je leur ai dit qu'ils l'aimeront beaucoup puisqu'ils m'aiment beaucoup. Et puis je me suis levé. Et je suis allé me coucher. Ils ont fait de même sans échanger un mot. En passant devant ma chambre, mon père a entrouvert la porte et m'a souhaité une bonne nuit. J'ai entendu la petite voix de ma mère me dire "Oui, bonne nuit, Yvan"… Et voilà. »

C'était simple. Une évidence. Pourquoi n'y avait-il pas pensé avant ? Simone laisse passer un ange. Il a le visage d'Yvan. Et sans doute celui d'Erwan aussi. Il paraît que ces deux-là se ressemblent. « Tu sais comment on reconnaît un couple d'homos en vacances ? Ils portent les mêmes fringues parce qu'ils partagent la même valise. »

« Ça t'a fait du bien de tout leur dire ?

— Je ne sais pas trop... Oui sans doute. Comme je les ai pris dans leur sommeil, j'espère que ce matin, ils ne se disent pas que c'était un rêve...

— Ou un cauchemar ! »

Yvan éclate de rire. Ses cordes vocales s'habituent au jour limpide.

« Tu devrais en faire autant avec ta mère...

— Je ne suis pas homosexuelle !

— Parler avec elle. Vous dire tout ce que vous vous cachez toutes les deux. Parler de ton père aussi. J'ai l'impression que vous ne vous en êtes jamais vraiment parlé. Son absence est une souffrance que vous devriez partager. Ça réglerait sans doute pas mal de choses...

— Je ne sais pas... Je ne suis pas certaine qu'elle en soit capable. Il y a trois jours, elle m'a dit qu'elle l'attendait. Alors qu'il est mort il y a trente-cinq ans !

— Ça veut bien dire qu'elle n'a pas réglé le problème. Elle n'a pas fait son deuil. Et depuis tout ce temps, elle te le fait payer...

— Ça veut surtout dire qu'elle perd la tête.

— Parle-lui. Sinon, c'est toi aussi qui risques de la perdre. Ce serait dommage. Je l'aime bien, ta petite tête... Et salue ta mère de ma part. Grâce à elle, j'ai trouvé une amie. »

Simone rougit. Elle est au téléphone. Yvan ne le saura jamais. À moins que ça aussi il l'ait deviné.

« Je la saluerai si elle revient un jour. Elle a fait sa valise…

— Évidemment qu'elle va revenir !

— On va se revoir, toi et moi ?

— Et comment ! Tu ne crois tout de même pas que tu vas te débarrasser de moi comme ça. Et puis il y a des chances que tu aies un autre ami gay dans ta vie…

— Erwan ?

— Oui.

— Avec deux homos, je ne suis pas près de trouver le père de mon futur enfant, moi !

— On se dévouera ! Comme le dit le proverbe que je viens d'inventer à l'instant, deux tapettes, deux pipettes ! »

C'est au tour de Simone d'éclater de rire. Son mal de crâne s'échappe dans l'air avec les vapeurs d'alcool.

« Je te laisse, Yvan Le Guennec…

— À bientôt, Simone Mahé…

— Ah non ! Pas Simone ! C'est affreux, ce prénom.

— Tu as tort. C'est très joli, Simone. En plus j'ai toujours adoré Simone Signoret.

— Décidément, tu ferais un gendre idéal pour ma mère ! Je t'embrasse…

— Je t'embrasse aussi. »

Simone rentre de la librairie. Sa mère n'est pas là. Elle ressort par l'arrière de la maison et se dirige vers l'océan. Elle n'est pas non plus sur le parapet. Alors sa fille s'assoit sur la place laissée vide. Elle aussi regarde au loin. Elle aussi pense à lui. Robert Mahé. Que sait-elle du 11 mai 1981 ? Pas grand-chose finalement. Le temps devait être épouvantable. Quand elle essaye de se figurer son père dans son embarcation, chahutée par le vent, bringuebalée par les vagues, inondée par la pluie, elle se sert mentalement de la photo du salon. Même dans la tempête, il a cette tête-là. Ce sérieux. Cette solidité. Si la photo du salon n'existait pas, Robert Mahé n'aurait plus de visage. Son image se serait effacée de la mémoire de sa fille. L'éternité a enfermé son père dans ce petit cadre. Il avait et il aura toujours cette tête-là. Quand il a quitté le port, sentait-il qu'il ne rentrerait jamais ? Et juste avant de se noyer, on finit toujours par se noyer dans ces cas-là, à quoi et à qui a-t-il pensé ? À sa femme ? À sa fille ? À tout ce qu'il allait laisser ? Ou alors, trop occupé à se débattre dans l'océan glacé, il n'a pensé qu'au présent, à ce présent qui l'entraînait vers le fond, à cette eau qui s'infiltrait dans ses poumons. Penser au passé, c'est accepter la mort. Le jour où il ne reste plus que les souvenirs, on sait qu'il est temps de partir. Simone n'imagine pas son père accepter sa fin. Pourquoi ? Elle n'en sait rien. Elle l'a si peu connu. Sa mère lui en a finalement si peu parlé.

Quand elle était enfant, Simone aurait bien aimé prendre la main de sa mère lorsqu'elles étaient assises sur le parapet. Et qu'elle lui parle de lui. De Robert. Avoir une grande main dans la sienne. Ou une petite. Celle de sa fille ? Cette fille qu'elle n'a pas eue. Elle a toujours eu l'intuition que ce bébé qu'elle a eu dans le ventre et qui n'est jamais né était une fille. L'effet miroir peut-être. Être pour une petite fille la mère qu'elle n'a pas eue. Pour briser la chaîne familiale. Elle aurait amené sa fille sur le muret et lui aurait parlé de son grand-père. Robert. Disparu en mer le 11 mai 1981. Elisabeth les aurait regardées depuis la fenêtre de la cuisine. Aurait-elle été enfin apaisée ? La vie continue. La tempête est passée. Il fait beau. Vivre, ce n'est pas être enfermé dans un paysage. Bloqué dans une saison. La meilleure façon d'avoir une vie équilibrée est d'en avoir au moins deux.

« Et mon père à moi, il est où ? » aurait dit la petite fille. Où serait Florian si elle avait gardé l'enfant ? Parti, sans doute, lui aussi. Mais pas au cimetière. Il aurait rencontré cette fille. Celle à qui il passe le bras autour du cou. « Tu verras ton père ce week-end… Tu es contente d'avoir bientôt une petite sœur ou un petit frère ? » Elle préférerait un petit frère. Simone la comprend.

Il est vingt heures. Elisabeth n'est toujours pas rentrée. Simone s'inquiète. Cette fois, elle s'inquiète sérieusement. Doit-elle appeler les secours ? Qui contacter ? La police ? Les pompiers ? Les hôpitaux ? Qui sa mère a-t-elle appelé quand son mari n'est pas rentré il y a trente-cinq ans ? Simone imagine la panique qui a dû s'emparer d'elle ce jour-là. Et pourtant, elle a toujours semblé forte mais… C'est toujours quand on n'a pas les gens sous nos yeux qu'on les comprend le mieux.

Les hôpitaux, c'est bien. Elle appelle Sophie. Elle est infirmière au centre hospitalier de Saint-Brieuc.

« Je vais me renseigner pour toi mais à mon avis tu te fais du souci pour rien. Ta mère te fait du cinéma comme d'habitude. Tu devrais la laisser bouder dans son coin. Et revenir la queue entre les jambes. Ce sera bien fait pour elle… Si je ne te rappelle pas, c'est que je ne l'ai pas trouvée. »

Sophie a raccroché sèchement.

Simone hésite à appeler Yvan. À cette heure, il a dû retrouver Erwan à Nantes. Elle y renonce. Yvan doit être en train d'expliquer à son compagnon qu'il a tout dit à ses parents. Qu'il va bientôt les rencontrer. Que ça va bien se passer. Elle ne veut pas les déranger…

Simone démarre sa voiture. Il est un peu plus de vingt-deux heures. Elle a essayé d'organiser ses pensées. Elle n'y est pas vraiment parvenue. Comment chercher une femme de soixante-dix ans munie d'une valise, sans avoir la moindre idée de la destination qu'elle a prise ? Elisabeth dirait : « Autant chercher une aiguille dans une botte de foin. » Elle aime ces expressions surannées. Qui ne doivent pas l'être pour elle. On a l'âge de ses artères. On a aussi celui de son langage. Mais là, elle ne dit rien. Elle n'est pas là. Elle n'est plus là…

Simone fait d'abord le tour du pâté de maisons. Rien. Elle décide d'élargir ses recherches. La voiture, peu à peu, quitte la ville. Progressivement, les phares éclairent des routes désertes. La vitre côté conducteur est à demi ouverte. Il fait bon dehors pour la saison. C'est déjà ça. Elisabeth ne mourra pas de froid. Sa fille roule à petite vitesse. Ne pas rater sa mère si jamais. Le moteur, au ralenti, ne couvre pas tout à fait les bruits de la nuit. L'air dans les feuilles. Le craquement des arbres. Le crissement des insectes. Les aboiements des chiens au lointain dans quelque corps de ferme.

À chaque virage, elle s'attend à voir sa mère surgir, harassée, traînant sa valise à roulettes comme elle peut sur le goudron inégal. Elle l'imagine avoir du mal à soulever ses pieds de la route. Si elle apparaissait, Simone lui passerait devant et arrêterait le véhicule dix mètres plus loin. Elle lui ouvrirait la portière droite. Et attendrait. Sans se retourner. Sans l'appeler. Elisabeth monterait dans l'habitacle sans dire un mot. Elles ne parleraient pas, ni l'une ni l'autre, sur le chemin du retour. Une fois à la maison, la mère irait se coucher. Simone se ferait une tisane. Et elle enverrait un message à Yvan. « Je l'ai retrouvée, tout va bien. » Ponctué d'un pictogramme représentant une tête jaune pleurant de rire. La vie tient finalement beaucoup plus de la comédie que du drame… Au volant, elle marmonne : « Mais où es-tu, maman, bordel ?! »

Elle est rentrée. Il sera bientôt minuit. Elle jette ses clés sur la commode de l'entrée. Elle allume l'une des petites lampes du salon. Elle ne veut pas de la lumière pleine et crue. Rester dans la pénombre. Seule la pénombre se marie à l'incertitude. La lumière en grand ne ferait qu'éclairer l'absence de sa mère…

La petite lampe est posée à côté de la photo du père. Il est parti il y a trente-cinq ans. Elisabeth, ce matin. Simone se rend compte pour la première fois, elle n'y avait jamais songé, qu'il n'y a aucune photo de sa mère dans la maison. Ni de photo d'elle-même d'ailleurs. Même enfant. La seule photo est celle du père. Pendant trente-cinq ans, il aura pris toute la place dans un petit cadre en bois.

Simone éteint la lampe. Éteint son père. Et va se coucher.

LE CINQUIÈME JOUR

Les paupières de Simone ont entériné la disparition de sa mère. Volet. Une disparition définitive. Quand elle a fermé les yeux, quand le noir total s'est fait, c'est le convoi funéraire d'Elisabeth qu'elle voit passer. À l'ancienne. Son cercueil à découvert sur une charrette tractée par un cheval. Un homme en noir la conduit. Chapeau large, long manteau, grandes bottes. Il fouette vaguement le bourrin, qui réagit à peine. La mort est toujours nonchalante. Le canasson ne se cabre pas. Il n'avance pas plus vite. Force d'inertie de l'habitude. L'allégorie de la vie… Derrière le véhicule, un curé. Il agite un encensoir dans un mouvement pendulaire et symétrique. Les fumées diagonales se dissipent dans les airs. Alertent par leur répétition de la présence de l'attelage dans les rues vides. Prévenir le rien qu'ils sont là. De passage. Encore une allégorie. À la suite du curé, Simone est là. Avance avec la conviction d'un automate. Elle est seule. Personne ne la suit. Personne n'est venu à l'enterrement de sa mère. Le docteur Dumont a décliné l'invitation. S'il fallait qu'il aille à tous les enterrements de ses patients, il passerait plus de temps dans les églises et les cimetières qu'à son cabinet. Pour un médecin, aller à un enterrement, c'est se confronter à son échec. Les toubibs ont charge d'accompagner les vivants, pas les morts. Aux derniers sacrements, leur travail est terminé. Travail raté, certes, mais terminé. Florian n'est pas là non plus. Il n'a pas sa place derrière cette boîte en bois. Il n'a jamais aimé cette femme. C'est Simone qu'il aimait. Mais Simone ne fait plus partie de sa vie. Et puis venir avec sa compagne enceinte serait déplacé. Venir sans, suspect. Alors il n'est pas venu du tout. C'est mieux ainsi. Sophie n'a pas pu se déplacer. Elle a dû trouver une excuse. Elle est de garde. Personne pour la remplacer à l'hôpital. Elle a dit qu'elle retrouverait Simone après. Elle l'a retrouvée. Sourire aux lèvres. Pour faire oublier son chagrin à son amie ? Non. Elle est sincèrement heureuse. Heureuse qu'Elisabeth ne soit plus dans la géographie de son amitié. Les anciens collègues de la secrétaire de mairie ne sont pas présents, eux non plus. Sont-ils encore de ce monde ? Les voisins, la boulangère, le facteur, tous ceux qui ont connu la défunte sont aux abonnés absents. Les anciens camarades de Simone à la faculté de Rennes aussi. Ils se voient si peu ces derniers temps. Chacun sa vie. Chacun sa mort. Il n'y a qu'elle, le curé, le cocher et le cheval. Elle jette une poignée de terre froide sur le cercueil qui a été mis dans le trou…

Ce n'est ni un rêve ni un cauchemar. On ne saurait dire ce que c'est. Simone dort depuis une bonne heure. Juste avant de se laisser aller au sommeil, Simone s'est demandé si sa mère n'était pas partie mettre fin à ses jours quelque part, loin d'elle. Accepter de mourir, c'est lâcher la proie pour l'ombre.

La nuit est passée. Le cauchemar effacé. Les heures inquiètes du début de journée se sont égrainées comme autant de mauvaises nouvelles. Et puis il y a eu un coup de téléphone de la gendarmerie vers quatorze heures… Et là, nous sommes le soir et Simone prend le temps de récupérer le courrier dans la boîte. Elle se demande bien pourquoi. Ce n'est pas tout à fait le moment. Elle jette les enveloppes sur la commode de l'entrée. Et s'en va se servir un verre d'eau. Elle le boit d'un trait… Elisabeth est derrière elle. Pas besoin de se retourner. Elle sent la présence, presque timide, de sa mère dans son dos. Cette fois, elle ne rêve pas.

« Alors ?

— Alors quoi ? »

Elisabeth a encore son chapeau de pluie sur la tête. Il n'a pas plu depuis deux jours. Elle est debout, fixe, sur le seuil de la cuisine. Dans ses yeux, un épais brouillard. Un fatras. Tout ce qu'elle a sans doute emmagasiné pendant ces heures de fugue. Tout ce que sa fille ignore à cet instant précis. Simone se retourne. Adossée à l'évier, elle a croisé les bras. Elle la regarde avec la fermeté des mères qui s'apprêtent à gronder leur enfant. Les rôles se sont inversés, on dirait…

« Tu m'expliques ?

— T'expliquer quoi ?

— Arrête ce petit jeu, maman ! Arrête ça immédiatement !

— Je n'ai rien à dire… »

Regard méprisant de Simone.

« Non mais franchement, tu as quel âge pour te comporter comme ça ?

— L'âge d'être ta mère ! Et de ne pas avoir à subir un interrogatoire digne de la Waffen-SS ! »

Elles se sont tues en voiture. Simone ramenait sa mère à la maison. Ni l'une ni l'autre n'a ouvert la bouche pendant tout le trajet. La fille se concentrait sur la route. Une façon de ne pas faire le premier pas. C'était à sa mère de parler la première. De s'expliquer. Simone se servait des courbes de la départementale pour calmer ses nerfs. Au changement de vitesse, elle jetait des coups d'œil à celle qui occupait le siège passager. Elisabeth regardait la route sans cligner. L'air buté. Le menton légèrement en galoche. De ceux qui ont été pris en faute mais font encore les malins. Simone tournait en rond sans bouger de son siège. Comme une mouche. Une mouche rendue folle. Qui vient se cogner aux fenêtres. Les fenêtres, ces murs transparents qui donnent l'illusion de l'échappatoire, de la liberté. Sa mère est une fenêtre. Toujours fermée. Finalement, toute sa vie, Simone aura été ce diptère. Cette fille qui se cogne sur sa mère. Verre incassable. Envolée impossible.

« Tu me traites de nazie parce que je te demande d'avoir la décence de m'expliquer la raison pour laquelle je viens d'être humiliée ?! traînée dans la boue ! »

Elisabeth retire son chapeau et son ciré sèchement. Elle ne semble plus endormie comme tout à l'heure à la gendarmerie. Elle est bien réveillée maintenant. On sent l'envie d'en découdre. Comme ces boxeurs qui se projettent au centre du ring après qu'on leur a balancé un seau d'eau dans la gueule.

« Écoute-moi bien, Simone... Tu n'avais qu'à pas venir me chercher. Je ne t'ai rien demandé !

— Parce que tu crois que j'avais le choix ?! »

Trente heures. C'est à peu près le temps de la disparition d'Elisabeth. Trente heures d'inquiétude. Et puis le coup de fil de la gendarmerie de Paimpol. Quand Simone a entendu les mots « gendarmerie nationale », elle a su que c'était pour sa mère... Après avoir sillonné les routes du département, elle a, le lendemain, recentré ses recherches sur les alentours de la maison. L'être humain est grégaire. Celui qui se planque le fait souvent à côté de chez lui. Et ça rassure celui qui le cherche.

Elle a sonné au cabinet du docteur Dumont. Il ne l'avait pas vue depuis longtemps. Depuis trop longtemps. « Pensez à dire à votre maman de revenir me voir. À mon avis, elle a recommencé à ne plus suivre son traitement… » Fallait-il encore que Simone la retrouve vivante. Elle commençait à en douter depuis son rêve, ou son cauchemar, de la veille. Elle a aussi fait le tour des commerces de la ville. Ça va vite. L'avantage des petites cités. Tout le monde se voit. Tout le monde s'observe. On se guette. On s'épie parfois. Les optimistes appellent ça veiller les uns sur les autres. Les sociologues parlent de contrôle social. Les dépressifs et les sartriens, ce qui revient à peu près au même, disent que c'est l'enfer. Là encore, personne n'avait vu Elisabeth ces deux derniers jours. Au ton des commerçants, Simone sentait qu'elle n'avait pas manqué à grand monde. Vu son amabilité, elle comprenait. Elle devinait les paroles dans son dos. « Il paraît que la vieille de la rue du Kern a disparu. Sa fille la cherche partout. Tu crois que ce serait une grande perte si on ne la retrouvait pas ? » Simone a rappelé Sophie. Messagerie. Sa meilleure amie lui a répondu par un SMS. Sec. « Je ne peux pas te répondre, je suis occupée. Toujours pas de nouvelles du côté des hôpitaux. Arrête de la chercher, elle reviendra par elle-même. » L'infirmière et la libraire se sont lassées l'une de l'autre. La disparition d'Elisabeth venait sans doute de sceller la fin d'une amitié. Ou en tout cas la fin d'un attachement. Un éloignement qui allait forcément grandir, de semaine en semaine, de mois en mois. Peut-être jusqu'à l'extinction de leurs rapports. On le sentait… Et puis elle a appelé Yvan. Tant pis, cette fois, si elle le dérangeait. Elle ne le dérangeait pas. Il l'a écoutée beaucoup. Et l'a soulagée. « Tu fais tout ce qu'il faut pour la retrouver, c'est l'essentiel. Ta mère ne s'est pas envolée. Tu vas la retrouver, c'est sûr. Continue comme ça et essaye de ne pas trop t'inquiéter… Si ça se trouve, elle a pris un billet d'avion pour les Seychelles, et à l'heure actuelle, boit un cocktail au bord d'une piscine ! » Simone a souri. Ça lui a fait du bien. « Je t'embrasse bien fort, surtout n'hésite pas à m'appeler si tu as besoin de quoi que ce soit. Et envoie-moi un message dès que tu as des nouvelles. »

Où Elisabeth avait-elle pu passer ?

« Madame Simone Mahé ? Bonjour, madame. Gendarmerie nationale. C'est à propos de votre mère… » Elle a tout de suite pensé au pire. On allait lui dire qu'on l'avait retrouvée morte dans un fossé. L'idée de la gendarmerie lui faisait penser à ça. Au fossé. Au camion dans la nuit noire qui renverse une femme sur la départementale… Le conducteur a cru toucher un sanglier ou un chien errant. Il sait ce que c'est. Ça lui est déjà arrivé. Mais cette fois le bruit de l'impact était particulier. Alors il s'est arrêté. Deux cents mètres plus loin. Il faut vérifier. En avoir le cœur net. Il a peur que la bête, si c'est une bête, ne soit pas morte sur le coup. Un animal blessé est encore plus dangereux que lorsqu'il ne l'est pas. Il devient fou. C'est pour ça qu'il a hésité à stopper le véhicule. Mais est-ce une bête ? Est-il sûr et certain qu'il s'agit d'une bête ? Il actionne les warnings du camion et il descend. Il marche sur la route éclairée par les feux de signalement. Elle luit dans le rouge par intermittence. Il marche et son cœur bat plus fort que d'habitude. Il regrette de ne pas avoir pris sa lampe torche. Mais il se souvient que son téléphone portable en est muni. Il le sort de sa poche et allume la lumière. Il distingue les traces qu'ont laissées les pneus au freinage. Ça y est. Il arrive au point d'impact. Sur le bord, la terre est humide. Comme labourée. L'accident sans doute. Il s'avance. Braque le faisceau lumineux, là où les herbes sont écrasées. La couleur de la forme qu'il éclaire lui ôte tout doute. Elle est jaune. On n'a jamais vu un sanglier avec un ciré jaune. Il a du mal à respirer. La forme ne bouge pas. Ne bouge plus. Alors lui non plus. Il est tétanisé. Il faudrait pourtant faire quelque chose. Courir vers le camion. Redémarrer en trombe. Et oublier. Il ne s'en sent pas la force. Même la lâcheté réclame sa dose de volonté. Il s'approche de quelques centimètres. Seul effort qu'il peut consentir. La forme est de taille adulte. Premier soulagement, ce n'est pas un enfant. Il pense à son fils de huit ans. Il ne l'a pas vu souffler ses bougies. Trois jours qu'il est sur les routes. Il lui a promis de lui ramener un beau jouet. Un truc acheté dans une station-service. « Je te préviens, avait dit sa femme, si c'est encore un camion, je le fous à la poubelle. Pas envie que mon fils ait le même métier de con que son père ! » Il est parti en claquant la porte. Maintenant il se rend compte qu'elle avait raison. Un métier où on fauche les gens, c'est un métier d'abruti. Il sent des larmes couler sur ses joues. Un peu de courage, bon Dieu ! Il saute dans le fossé. Un filet de vie habite peut-être encore ce corps. Il ne doit pas le toucher. Il le sait avec toutes les séries policières qu'il a regardées. Et les informations aussi. La formule « homicide involontaire » lui vient à l'esprit. Est-il un criminel ? Il devra faire face. Face à la justice. Face aux institutions qui broient les hommes.

Qui broient les vies. Sa femme va le quitter. N'en a-t-elle pas déjà l'intention ? Elle va partir avec le gosse… Le ciré jaune ne bouge pas. Elle ne respire plus. Il sait maintenant que c'est une femme. À côté d'un chapeau de pluie qui gît, il voit des cheveux longs désordonnés par l'accident. Et un visage de femme pas si vieille que ça mais vieille quand même. La femme âgée est morte. C'est évident. Il se parle à lui-même. « Un peu de courage, Mario ! » Il éteint la lampe de son portable et compose le 17…

Il y a des scénarios qui s'échafaudent en un quart de seconde. Voilà les images qui ont traversé l'esprit de Simone avant que le gendarme précise que sa mère était avec eux, bien vivante, à la gendarmerie de Paimpol. On a toujours du mal à mesurer le temps de l'épouvante. « On a retrouvé votre mère dans un état d'ivresse avancée… » Elle n'a jamais vu Elisabeth ivre. Même pas légèrement éméchée. L'alcool semble ne jamais avoir d'effet sur elle. Ceci dit, qu'est-ce qui a de l'effet sur elle ? Elle a du mal à imaginer ce que donne sa mère ivre. Le gendarme l'éclaire sans qu'elle ait à poser la question. « On ne l'a pas mise en cellule de dégrisement compte tenu de son âge mais… » Mais quoi ? « Mais vous conviendrez que ce n'est pas normal qu'une femme de cet âge-là se retrouve en état d'ivresse dans les rues de Paimpol à invectiver les passants ! » Oui, elle ne trouvait pas ça normal bien entendu mais elle n'y était pour rien. Ça faisait deux jours qu'elle la cherchait partout. Le gendarme s'est raclé la gorge. « Pourtant elle nous a dit que vous l'aviez mise à la porte de chez elle… » La garce ! Simone l'a pensé si fort que le type au bout du fil a dû l'entendre. « Pardon de vous le dire comme ça mais admettez que laisser une femme de cet âge-là hagarde dans les rues, ce n'est pas très raisonnable. » Elle n'a pas relevé. Il ne valait mieux pas. « Pouvez-vous venir à la gendarmerie dans les meilleurs délais ? » Elle a dit « Oui bien sûr » et a raccroché.

De rage, Simone a voulu casser quelque chose. N'importe quoi. Le premier truc qui lui tombait sous la main. Quand elle s'est rendu compte que le premier truc qui lui tombait sous la main était le cadre avec la photo de son père, elle a renoncé.

« Ma petite fille, ce n'est pas ma faute si les enfants adultes doivent s'occuper de leurs parents quand ceux-ci sont dépendants et en danger. C'est la loi.

— Tu as l'air bien au courant du Code civil pour ne pas avoir prémédité ton coup.

— Ce sont les bleus qui me l'ont dit…

— Tu m'as collé la honte de ma vie ! C'est honteux…

— Et ce n'est pas honteux de ne pas s'occuper de sa pauvre mère qui n'a plus toute sa tête ni toute sa mobilité ? »

L'envie de la gifler revient. Comme une pulsion. Une pulsion que Simone n'est pas sûre de pouvoir réfréner longtemps. Ça ne peut plus durer. Elle ne peut plus vivre avec elle. Mais comment se sortir de ce piège dans lequel elle s'est mise toute seule ? Surtout après l'épisode de la gendarmerie…

« Ne me fais pas le coup de la personne vulnérable s'il te plaît ! Ça a peut-être marché avec les gendarmes mais ça ne marche plus avec moi ! »

Simone est entrée dans les locaux de la gendarmerie de Paimpol. Ils n'étaient esthétiquement ni beaux ni moches. Un peu comme ces hôtels bon marché que l'on trouve aux abords des autoroutes dans les zones d'activité. Elle a croisé tout à l'heure un Chaussea et un Buffalo Grill. Il n'y a pas de hasard. Elisabeth était assise sur une chaise sans âme, dans un coin sans charme. Tout était un peu triste ici. Sa fille l'a identifiée tout de suite. Elle avait la tête basse, qu'elle n'a pas levée. Une femme en uniforme a contourné son guichet pour se précipiter vers Simone. « Vous êtes la fille de madame ? Venez me voir avant de lui parler s'il vous plaît… » Elle a appris plus tard que c'était la règle. Les forces de l'ordre devaient observer et noter la réaction de la mère à l'arrivée de la fille. Si Elisabeth avait montré des signes de panique ou simplement une forme d'hostilité, on aurait pu en déduire de la maltraitance sur personne âgée. C'est plus fréquent qu'on ne le dit paraît-il. Simone, non sans une certaine gêne, se souvient de son envie de la gifler… Puis la gendarmette, après avoir emprunté la pièce d'identité de Simone, a conduit les deux femmes dans le bureau d'un gradé. Elisabeth a marché la tête toujours dans les épaules. Sans un regard, sans un mot pour sa fille. On aurait dit deux étrangères. Simone s'est même demandé si sa mère l'avait reconnue. Avait-elle définitivement perdu la boule ? Ou étaient-ce les derniers effets de l'alcool ? Ou la conséquence d'un choc. Après tout, elle ne savait pas ce qu'elle avait fichu pendant trente heures…

Le gradé les a d'abord observées. Passant d'un visage à l'autre. Comme si l'interrogatoire avait déjà commencé mais qu'il était silencieux. Il les jaugeait. Elisabeth toujours absente. Simone avait l'impression que l'épais gendarme, il avait des faux airs de Lino Ventura, la scannait. Ce n'était pas très agréable. Elle se demandait si c'était à elle d'entamer le dialogue. Ou si elle devait attendre que l'homme en uniforme ouvre la bouche. Il avait des pupilles vives et brillantes dans des yeux tombants. Une tête de paradoxe. Difficile à déchiffrer. Les secondes ont passé lentement. Et puis le capitaine, c'était un capitaine, elle l'avait appris de la fille de l'entrée qui les avait conduites dans cette pièce, s'est décidé. « Vous êtes la fille unique de madame, c'est ça ? » dit-il à Simone en désignant du menton sa mère. Elle confirma. « Vous savez dans quel état on l'a retrouvée ? » Elle avait eu quelques précisions au téléphone mais rien de plus. « Passablement ivre. Et c'est interdit d'être ivre sur la voie publique. » Elle se tourne vers Elisabeth, qui n'a visiblement toujours pas l'intention de se mêler à la scène. « D'après ce que l'on sait, votre mère, très éméchée, a dérangé des gens chez eux. Et invectivé des passants dans la rue. On a d'abord cru que c'était une sans domicile fixe. Avant qu'elle nous raconte… » Qu'elle leur raconte quoi ? « Qu'elle nous raconte qu'elle n'était pas sans domicile fixe jusqu'à ce que sa fille, c'est-à-dire vous, la mettiez à la porte. » Regard noir de Simone sur sa mère qui, elle, semble toujours ailleurs. « C'est chez vous ou chez elle ? » « C'est chez nous. Je revis avec elle pour m'en occuper. » Le gendarme fronce les sourcils. « Vous en occuper ? Vous êtes sûre que vous y arrivez ? Savez-vous combien il y a de kilomètres entre Concarneau et Paimpol ? » Oui, elle le savait. Un peu plus de cent cinquante bornes. Deux heures de route en voiture. Elle venait de faire le trajet. « Pour quelqu'un qui est censé s'occuper de sa mère, c'est assez bizarre de la retrouver à cent cinquante kilomètres, deux jours après, non? D'ailleurs si nous ne l'avions pas découverte, vous ne sauriez toujours pas où elle se trouve. » « Si vous ne l'aviez pas retrouvée, je la chercherais encore. Je ne suis pas restée les bras croisés, figurez-vous ! » Le type s'est penché un peu plus vers Simone. « Calmez-vous, madame, voulez-vous... » Elle s'est redressée. A tourné encore une fois la tête vers sa mère. « Dis-le que je ne t'ai pas foutue à la porte ! Dis-le que c'est toi qui es partie après m'avoir fait une énième scène ! » Le gendarme a reculé son siège. Pour avoir une vue panoramique sur les deux femmes sans doute. Un rictus aux lèvres. On aurait dit qu'il s'amusait presque de la situation. Elisabeth regardait encore et toujours droit devant elle. Ses lèvres se sont enfin animées. « J'ai déjà tout dit à ces messieurs... J'aimerais rentrer maintenant. » « Tu n'as pas honte, maman... » Le capitaine l'interrompt en se levant magistralement. « Mesdames, je ne suis pas assistante sociale, je suis gendarme, on va donc en rester là... » Il regarde Simone. « Vous avez de la chance, personne n'a porté plainte, ni déposé de main courante... » « C'est à ma mère qu'il faut dire ça ! » « En l'occurrence, c'est à vous que je parle. Débrouillez-vous simplement pour que cela ne se reproduise pas... Mais n'allez pas jusqu'à l'enfermer. Parce que là, pour le coup, ça pourrait regarder la gendarmerie. » Après avoir récupéré leurs papiers d'identité, Simone et Elisabeth sont dehors.

Pendant le trajet du retour, elles n'ont pas échangé un mot. Les visages étaient fermés. On comprenait que la conductrice ruminait intérieurement. La passagère avait le regard vitreux. Elle ne pensait à rien. Ou faisait semblant… Simone a garé la voiture devant la maison de la rue du Kern à vingt-deux heures.

« Qu'est-ce que tu leur as dit aux gendarmes pour qu'ils me traitent de la sorte ? Tout juste s'ils ne m'accusaient pas de t'avoir abandonnée sur une aire d'autoroute attachée à un arbre comme un chien !

— Si tu ne l'as pas fait, c'est que tu n'as pas de laisse…

— Tu es vraiment dégueulasse !

— Ça doit être ça… »

Elisabeth a l'air triste maintenant. Fatigué et triste. Elle s'assoit sur l'un des tabourets hauts de la cuisine. Simone préfère rester debout, adossée à l'évier.

« Ça fait combien de temps que je m'occupe de toi, maman ?

— Et moi, pendant combien de temps je me suis occupée de toi ? Toute seule, sans ton père parti… »

Elisabeth fait un geste vague de la main en direction de la fenêtre…

« Oui, je sais ! Parti au large de Concarneau le 11 mai 81. Je suis au courant, merci !

— Non, tu ne sais pas. Tu ne sais rien…

— Ça fait pourtant mille fois que tu me répètes que m'avoir dans tes pattes pendant toutes ces années t'a rendu la vie impossible. Un cauchemar même, à t'entendre ! Mais est-ce que ça t'autorise à me traiter comme ça ? Est-ce que ça t'autorise à me faire passer pour une fille indigne devant les gendarmes ? Est-ce que ça t'autorise à prétendre à qui veut l'entendre qu'après t'avoir gâché la vie, je t'ai fichue dehors ?!

— Je ne leur ai dit que la vérité… »

La gifle sur la mère traverse encore l'esprit en ébullition de la fille. Inversion des rôles. Une fois de plus.

Simone se souvient d'une claque, une seule claque d'origine maternelle, reçue dans sa vie. C'est arrivé avec une telle soudaineté qu'elle se rappelle n'avoir eu aucune réaction. Simone était rentrée de l'école fière du dix-neuf sur vingt qu'elle avait obtenu à sa rédaction. La professeure de français avait demandé aux élèves d'écrire un récit de fiction. Une sorte de nouvelle. Ayant bien appris ses leçons sur l'art du roman et la réinvention du réel, elle avait écrit l'histoire d'un homme parti à la guerre et son retour chez lui quelques années plus tard. Sa femme et sa fille ne l'avaient pas reconnu. Il avait tellement changé. Avec cette barbe, notamment, qui avait exagérément poussé. « La barbe », c'était d'ailleurs le titre du récit de Simone. L'enseignante l'avait félicitée tant pour le fond que pour la forme. Dix-neuf sur vingt, ce n'était pas rien. Simone avait posé sa copie sur la table de la cuisine pour que sa mère voie la note, lise la rédaction et, pourquoi pas, la félicite. En attendant, elle était allée dans sa chambre pour écouter Brian Adams dans le casque de son walkman Aiwa. Quand Elisabeth est entrée dans la chambre, la copie à la main, elle s'est avancée, a collé une claque à sa fille, faisant valdinguer les écouteurs, et lui a dit : « Je t'interdis de raconter nos histoires à tout le monde ! » Et puis elle est repartie… C'était idiot. Robert Mahé n'était, lui, jamais revenu. Et puis il portait la barbe avant de s'en aller. La photo dans le cadre en témoignait déjà.

« Qu'as-tu fait pendant trois jours, maman ?

— Ça ne te regarde pas ! »

Cet air de défi qu'affiche sa mère agace profondément Simone. Parfaitement inapproprié dans ces circonstances. Comme la gifle de ses treize ans.

« Je vais te placer sous tutelle, tu vas voir si ça ne me regarde pas ! Tu veux jouer la sénilité ? Très bien ! On va y jouer. Et ce n'est pas toi qui vas gagner, je te le promets !

— C'est ça ! Mets-moi la camisole de force… Et pourquoi pas la piqûre ? Je me suis trompée tout à l'heure, quand je t'ai dit que tu allais m'abandonner comme un chien, tu vas faire mieux, tu vas me faire piquer ! »

Simone, consternée, remue la tête…

« Avant que je te fasse piquer, peux-tu m'expliquer pourquoi les gendarmes t'ont retrouvée ivre morte à Paimpol ? Qu'est-ce que tu foutais à Paimpol ?! »

La mère reprend ses grands airs. Catherine II de Russie, Elisabeth Mahé de Concarneau.

« J'avais à y faire, ma petite fille…

— Avec deux grammes dans le sang ?

— Correction ! Un gramme trois, d'après la machine des gendarmes…

— Je répète donc ma question en la précisant… Que faisais-tu à errer dans les rues de Paimpol avec un gramme trois d'alcool dans le sang ?

— Comme tout le monde !

— Ah parce que tout le monde erre dans les rues de Paimpol avec un gramme trois d'alcool dans le sang ?!

— Évidemment ! C'est connu ! Faut sortir un peu le week-end, ma fille. Personne n'est jamais sobre à Paimpol, tout le monde sait ça... Et quand on vient d'ailleurs, ce qui était mon cas, ne pas être bourré à Paimpol, c'est insulter la culture locale ! Pour les Paimpolais, la sobriété du nouvel arrivant est le signe d'une volonté de ne pas s'intégrer ! Ne pas être plein comme un tonneau à Paimpol, c'est manquer de savoir-vivre ! Alors quoi ? Tu vas me reprocher d'avoir été polie ? De ne pas avoir insulté les us et coutumes locaux ?! Tu ne connais pas le proverbe ? Si tu ne bois pas ton chouchen à Paimpol, t'auras rien dans ton bol ! »

Simone applaudit.

« Bravo ! Quelle verve ! Quel talent ! Sauf que d'après les gendarmes, on ne t'a pas retrouvée avec du chouchen, on t'a retrouvée avec une bouteille de vodka. Je ne savais pas que la vodka était la boisson officielle des Côtes-d'Armor... Dis donc, maman, tu ne serais pas un tout petit peu en train de te foutre de ma gueule ? »

Elisabeth, mâchoire serrée, regarde sa fille un instant. Puis, comme une diablesse, quitte la cuisine. D'instinct, Simone la suit. La voilà qui se met à faire le tour de toutes les pièces. Inspecter les placards et l'arrière des portes.

« Je peux savoir ce que tu fais ?

— Je le cherche !

— Qui ?

— À ton avis ?! Pas le pape !

— Vu que je viens d'apprendre qu'on buvait de la vodka au petit déjeuner à Paimpol, tout est possible…

— Ça m'étonnerait que le pape ait passé la nuit ici ! Alors que le petit Le Guennec… »

Simone devant la porte de sa chambre barre la route à sa mère…

« Tu ne vas pas recommencer avec Yvan ?! »

Sourire mauvais d'Elisabeth.

« Yvan… Tu aimes prononcer ce prénom, hein ? Et son nom de famille, il te plaît aussi ? Le Guennec… Tu aimerais bien t'appeler Le Guennec, n'est-ce pas ? C'est mieux que Mahé, c'est ça ? Simone Le Guennec, ça fait plus chic que Simone Mahé ? Laisse-moi passer ! »

Elle dégage le bras de sa fille et passe. Simone la suit. À son rythme. Pas question qu'elle entre dans le jeu de sa mère pour une fois…

Elisabeth est assise dans la cuisine. Les bras croisés. Boudeuse. Retour à l'enfance pour cette femme ridée. Il y a quelque chose de ridicule dans ce bouleversement des âges. Dans cette incohérence temporelle.

« Si ça peut te rassurer, il n'y a aucune chance que je me marie avec Yvan… Il est gay.

— Et alors, être joyeux l'empêche de se marier ?

— Il est gay… G, A, Y, maman… »

Elisabeth écarquille les yeux.

« Tu veux dire que le petit Le Guennec est… de la fanfare ?

— Oui. Il est homosexuel. »

Sonnée. On dirait qu'elle a pris un uppercut. Le regard vide. La tête dans les épaules… Et puis, doucement, lentement, elle se ranime. Sa peau reprend des couleurs. Ses pupilles se remplissent à nouveau de ce noir luisant.

« Je trouve ça écœurant… Et même franchement dégueulasse !

— Enfin, maman ! Qu'est-ce que c'est que ces propos homophobes ?!

— Je m'en fous qu'il soit de la jaquette ! Mais que toi, tu sois prête à faire ta vie avec une tapette, juste pour te débarrasser de moi, c'est immonde ! »

Et la voilà qui reprend sa folle visite immobilière…

« Où vas-tu encore ?!

— Dans la salle de bains ! Je ne l'ai pas faite, celle-là. Il a dû y mettre ses affaires… »

Arrivée sur le lieu-dit, Simone voit sa mère les bras ballants… Près de l'évier, deux brosses à dents, un tube de dentifrice et quelques produits de beauté.

« Alors ? Tu vois bien qu'il n'y a rien qui puisse appartenir à Yvan…

— Ça ne prouve rien ! Comme ce type est un garçon sensible, si ça se trouve, il utilise tes produits de beauté…

— Tu es ridicule, maman…

— Quant à l'absence d'une troisième brosse à dents, cela signifie peut-être qu'il a une très mauvaise hygiène bucco-dentaire… Ou alors il a utilisé ma brosse à dents ? Ne me dis pas que ce petit saligaud s'est servi de ma brosse à dents ?!

— N'importe quoi… »

Elisabeth, désemparée, abandonne la salle de bains et va s'affaler dans le canapé du salon. Comme si toute forme d'énergie l'avait quittée. Résignée. Simone s'assoit à côté d'elle… Après quelques secondes sans mots et sans mouvements, elle sent sa mère lui prendre la main. Geste qu'elle n'a pas fait depuis… Depuis longtemps. Très longtemps.

« Ma pauvre Simone, tu n'as vraiment pas de chance. Il doit y avoir un seul homosexuel dans tout le Finistère et il a fallu que tu tombes dessus… »

La libraire sourit. Presque attendrie.

« Détrompe-toi, maman… À Paimpol, on boit de l'alcool, à Concarneau, on est homo ! »

C'est au tour de la vieille femme de sourire. Puis, dans un geste inédit, caresse la joue de sa fille, un peu gênée, un peu contente… Quelques secondes de tendresse auxquelles Elisabeth met fin en se levant. Elle prend le cadre avec la photo de Robert, le regarde comme si c'était la première fois qu'elle le voyait, puis se tourne vers sa fille.

« Simone, promets-moi de ne pas m'abandonner comme ton père.

— Je n'ai pas prévu de mourir tout de suite.

— Il n'y a pas que la mort qui sépare, ma fille… »

Elle repose le cadre sur la commode.

« Ça ne te dérange pas si je vais faire un tour dehors ?

— Non, maman, ça ne me dérange pas… »

Elisabeth enfile son ciré jaune et met sur sa tête son chapeau de pluie. Simone sait où elle va aller. Il est un peu tard pour le parapet mais c'est bien là qu'elle a projeté de passer quelques minutes, face à l'océan, dans le vent, le visage balayé par la pluie fine qui a fini par arriver. Qui finit toujours par arriver.

Rien n'a changé et pourtant rien ne sera plus comme avant…

LES JOURS D'APRÈS

Elle n'est plus tout à fait la même. Elle râle encore bien sûr. Mais ce sont des colères factices. De pure forme. De vieilles habitudes vidées de leur sens. Depuis sa virée à Paimpol, Elisabeth a changé… Elle reprend son traitement. Simone n'a même pas besoin de le vérifier. Sa mère avale ostensiblement ses comprimés avant chaque repas. Elle n'en fait pas la publicité. Elle le fait, tout simplement. Et puis elle sourit aussi. Sourires tristes, souvent, c'est vrai. Mais sourires quand même. Sa fille se dit qu'elle s'est enfin résignée à vivre. Il lui arrive même de franchir le seuil de la librairie. Elle circule entre les rayons. Elle observe la couverture, puis retourne le volume et lit la quatrième. Elle repose souvent les livres. Et puis parfois, elle en garde un à la main. Et va régler l'achat. Simone l'encaisse…

« Tu n'es pas obligée, tu sais...

— Je sais bien que je ne suis pas obligée ! Je ne suis pas du genre à faire la charité. Mais contrairement à ce que tu sembles penser, je ne suis pas analphabète. Il m'arrive de lire. Et en ce moment, j'ai envie de lire. Mais si tu ne veux pas de mon argent, je peux aller dans une autre librairie ! Il est bien, ce roman ? Tu me le conseilles ? »

Le soir, parfois, elles discutent de leurs lectures. Simone voit bien qu'une pile s'amoncelle sur la table de nuit de sa mère. Mais elle n'en dit rien. Elles se parlent sans se disputer. Elles se parlent de nouveau. De tout. De rien. Et c'est l'essentiel.

Elisabeth se lève tôt. Parfois, elle prépare une tasse de thé pour sa fille qui la boit d'un trait avant de partir travailler.

« Et toi, tu ne déjeunes pas ?

— J'ai tout le temps pour ça... Allez, file ! Il faut que tu fasses vivre ta vieille mère ! »

Simone obéit. Dans la voiture, elle voit Elisabeth lui faire signe de dégager avec la main. Sa façon de lui dire au revoir. Ce n'est pas méchant. Bien au contraire. Elle le devine.

Simone a revu Yvan. Chez lui, à Nantes. Ou plutôt chez eux. Elle a fait la connaissance d'Erwan. « Simone par-ci, Simone par-là, il n'y en a plus que pour toi depuis que vous vous êtes rencontrés… Je vais finir par être jaloux ! » C'est un garçon joyeux. Plus encore qu'Yvan. Une joie pure. Une joie simple. Elle l'a tout de suite apprécié. Il l'a immédiatement adoptée. Mais elle sait que son ami, son véritable ami, sera Yvan. Une sorte de priorité. Elle n'a qu'une soirée de plus avec lui qu'avec son compagnon, mais c'est une soirée importante. Elle le sait. Ce genre de moments qui font socle. Qu'on protège des autres, sans animosité.

Yvan et Simone se voient aussi au Narval quand le fils Le Guennec visite ses parents. Ils parlent pendant des heures. Picolent pas mal. Aux tables alentour, on doit les prendre pour un couple. Il y a de la séduction entre eux, il ne faut pas croire. Une séduction débarrassée de libido. Une séduction gratuite et directe. Il n'y a pas et il n'y aura jamais de projet sexuel entre eux. C'est une amitié sans corruption de ce genre…

Un soir, Sophie est passée par là. Elle était accompagnée de Corinne. Cela faisait bien trois semaines qu'elle et Simone ne s'étaient ni appelées, ni envoyé de messages. Un silence sans explication. Les plus vivables. Et pourtant les plus graves… Simone lui a présenté Yvan. Ils se sont salués poliment. Il a proposé à l'infirmière et la professeure de yoga de se joindre à eux. « Buvez un verre avec nous ! » Sophie a regardé la bouteille de vin blanc déjà bien entamée et a décliné. « Non merci, c'est gentil, on ne faisait que passer avec Corinne. » Elles sont parties. Juste avant, Sophie a dit à Simone : « Je t'appelle bientôt ? » Les deux savaient qu'elle ne le ferait pas.

Elisabeth est vivante ces temps-ci. Elle sort plus souvent. Fait ses courses en souriant. On ne doit plus la reconnaître dans le quartier. Parfois, elle va même se promener sans but. Elle prend ses affaires et va marcher. Le long de la mer. Plus loin quelquefois, sur les remparts de Concarneau. Ou dans les rues tout simplement. Elle s'arrête devant des vitrines. Croise les mains dans le dos. Regarde les installations, les produits. Et puis repart sans être entrée dans le magasin. Ses déambulations peuvent durer une heure. Parfois deux. Jamais elle n'avait fait ça avant. Elle aime perdre le temps qui lui reste. « Et puis il faut bien s'occuper », dit-elle à Simone qui le lui fait remarquer.

« Et si on allait à Rome, toutes les deux, cet été ?

— Certainement pas.

— Pourtant, un jour, je m'en souviens très bien, tu m'as dit que tu rêvais d'y aller. Marcher dans les rues de Rome, ça ne te dit pas ? La via del Corso, la rue Condotti, la rue Borgogna...

— C'est précisément pour cela que je ne veux pas y aller. Le voyageur piétine ses rêves... »

Simone n'insiste pas. Et puis quelques heures plus tard...

« Yvan et Erwan m'invitent en Grèce. Ils louent une maison. Je crois que je vais accepter. Ça ne te dérange pas ?

— Pas le moins du monde ! C'est à Mykonos, j'imagine ? »

Clin d'œil d'Elisabeth. Sa fille hausse les yeux au ciel. Elles jouent toutes les deux. Ça aussi, c'est nouveau.

« Tu n'as finalement jamais su ce que ta mère avait fait à Paimpol lors de sa fugue ? »

Yvan et Simone sont au Narval. Une fois de plus. La belle saison arrive. Les jours se prolongent. Le fond de l'air est doux.

« Elle n'a pas voulu me le dire. Je n'ai pas insisté. Depuis, elle est assez agréable, je dois dire. C'est le plus important… Je sens que ça a un rapport avec la disparition de mon père mais je n'en suis pas certaine.

— Il a disparu en mer, c'est ça ?

— Oui. Le 11 mai 81 au large de Concarneau…

— Du coup, vous n'avez pas de tombe sur laquelle vous recueillir ?

— Non. À l'époque, on avait organisé une cérémonie. Mais rien d'officiel. C'est tellement vieux tout ça… »

Simone boit une gorgée de sa bière. Yvan est pensif. Sérieux pour une fois. Il regarde son amie et n'a pas envie de plaisanter. Elle en est presque gênée.

« Je te propose qu'Erwan regarde ça de plus près. C'est facile pour lui à la préfecture. Je pense que ça pourrait vous aider, ta mère et toi, à faire votre deuil, comme on dit.

— Je ne suis pas sûre que remuer tout ça… »

Yvan sort un stylo de sa veste et note « 11 mai 1981, Concarneau » sur son sous-bock.

« Erwan va se renseigner, on ne sait jamais. Et si ça ne donne rien, on oublie, je ne t'en parle plus… »

Deux semaines plus tard, Simone reçoit un appel d'Erwan sur son portable.

« Je t'appelle par rapport aux recherches que tu as demandées à Yvan…

— Je n'ai rien demandé, c'est… »

Il ne la laisse pas poursuivre. Et fait preuve d'une autorité qu'elle ne lui connaissait pas.

« Peu importe ! Es-tu sûre que le jour de la disparition de ton père, c'est le 11 mai 81 ?

— Ma mère me l'a suffisamment répété pour que j'en sois certaine, oui !

— C'est étrange… J'ai eu accès aux données météorologiques de ce jour-là. Aucun signe de tempête au large de Concarneau. Calme plat. La mer était bonne.

— Ce n'est pas possible…

— Pourtant, les documents qui m'ont été fournis sont formels ! La préfecture maritime ne peut pas se tromper. D'ailleurs, il n'y a eu aucun bateau à secourir ce jour-là dans toutes les eaux bretonnes. »

Simone blêmit…

« Je ne comprends pas… »

Après quelques secondes, Erwan lui conseille d'en parler à sa mère. Il y a forcément une explication…

Elle est assise à la table de la cuisine. Elle écosse des petits pois. Sa fille s'installe en face d'elle. Par son regard insistant, elle force Elisabeth à la prendre en compte.

« Qu'est-ce que tu as ? Pourquoi tu me regardes comme ça ?

— Tu savais qu'Erwan avait un haut poste à la préfecture maritime ?

— Oui, il en a parlé l'autre jour au déjeuner… Tu les voudras avec quoi, tes petits pois ?

— Grâce à ce poste, il a toutes les informations qu'il souhaite. Par exemple les données météorologiques. Même anciennes. Même très anciennes…

— Si on faisait du poisson ?

— À la préfecture, ils ont archivé tous les bulletins météo depuis des dizaines et des dizaines d'années…

— Non, en fait il y en a marre du poisson !

— Je lui ai demandé celui du 11 mai 81…

— C'est vrai, ça, ce n'est pas parce qu'on est en Bretagne qu'on doit se taper du poisson matin, midi et soir ! À Francfort, ils ne mangent pas des saucisses à chaque repas, alors pourquoi en Bretagne faudrait-il forcément bouffer du poisson ?!

— Maman ! Le 11 mai 81, ça te dit quelque chose, non ? »

Simone a haussé le ton. Elisabeth, baissé les yeux. Elle met sur le côté la passoire dans laquelle elle a fait tomber les petits pois et commence, comme une enfant prise en faute, à jouer avec la pointe d'un couteau sur la toile cirée. Cette toile cirée que Simone déteste. La descendante de celle sur laquelle les hommes de la police maritime buvaient le café. Quand ils avaient dit à Elisabeth qu'ils mettaient fin aux recherches. Le mari et le bateau s'étaient volatilisés. Il fallait se faire une raison. On s'en souvient…

« Réponds-moi, maman, s'il te plaît… Le 11 mai 81, ça te dit quelque chose ?

— On ne va pas ressasser ces vieux trucs ! Et puis il est l'heure de déjeuner…

— Le déjeuner va attendre. Tu dois te souvenir du temps qu'il faisait ce jour-là ?

— Je ne me souviens déjà pas du temps qu'il faisait hier, alors…

— Si tu ne fais pas travailler ta mémoire, fais travailler ta logique. Il faisait forcément un temps épouvantable le 11 mai 81 ! »

Elisabeth se lève et tourne maintenant le dos à sa fille. Elle regarde le paysage par la fenêtre.

« Ma petite fille, tu me fatigues avec ces histoires… Allez, c'est décidé, on se fait une saucisse pour le déjeuner !

— Papa a disparu en mer le 11 mai 81 car, c'est ce qui a toujours été raconté, il a pris son bateau pour porter secours à un autre en perdition. Ce qui veut dire, selon toute logique, que la mer était mauvaise. On ne va pas aider un navigateur sur une mer d'huile, nous sommes d'accord ?

— Eh ben voilà ! On n'a qu'à dire qu'il faisait moche et que la mer était déchaînée… C'est bon ? On peut enfin déjeuner maintenant ?

— Sauf qu'il ne faisait pas moche. Pas moche du tout. Presque pas de vent, quelques nuages mais pas une goutte de pluie, rien ! Erwan me l'a confirmé ! »

Elisabeth se détourne de la fenêtre. Il y a de la haine dans ses yeux. De la haine mélangée à de la mélancolie. Le pire des cocktails.

« Qu'est-ce qu'il en sait, ton Erwan, du temps qu'il faisait ce jour-là ! Ce n'est pas Louis Bodin, que je sache. Être directeur de je ne sais quoi à la préfecture ne fait pas de lui un météorologue distingué ! Il y a trente-cinq ans, il n'avait même pas l'âge d'être de la fanfare, ton copain ! Et puis franchement, à la météo, ils feraient mieux de nous dire le temps qu'il va faire demain sans se tromper plutôt que le temps qu'il faisait en 81 ! »

Elisabeth repart dans la contemplation du paysage. À deux cents mètres, il y a l'océan. Calme aujourd'hui. Presque sans mouvements.

« Papa n'a pas pu faire naufrage le 11 mai 81...

— Ton père est mort, un point c'est tout.

— Alors pourquoi tu faisais toujours comme si tu l'attendais ? »

Elle se retourne à nouveau. Brusquement. Violemment.

« Je te le demande une dernière fois... Viande ou poisson avec les petits pois ?!

— Et moi, je te le demande pour la première fois... Où est papa ? »

Elisabeth fait tout pour ne pas croiser le regard de sa fille. Elle bout à l'intérieur. Comme avant. Simone se demande si c'est vraiment judicieux de risquer le retour de sa mère d'avant. Et puis elle se dit qu'elle ne peut pas faire autrement.

« Tu sais très bien qu'on n'a jamais retrouvé le corps de ton père. Sinon, il serait au cimetière, comme tout le monde !

— Non, pas comme tout le monde... Il n'y a que les morts qu'on met au cimetière. »

Elisabeth se lève. Part dans le salon. En revient, un papier à la main. Et le tend à Simone.

« Tiens, lis ça ! Et après, tu me ficheras peut-être enfin la paix avec ces vieilles histoires... »

Simone déplie la feuille. Elle lit...

CERTIFICAT DE VAINES RECHERCHES

Attendu que la disparition de MAHÉ Robert s'est avérée inquiétante, attendu que l'identité de MAHÉ Robert, disparu le 11 mai 1981, a été inscrite dans le registre des personnes recherchées pendant un an, attendu que les recherches menées pendant les six mois suivant la disparition n'ont rien donné, attendu que VAUCOURT Elisabeth, épouse de MAHÉ Robert, en a fait la demande en 2016, le juge accorde à VAUCOURT Elisabeth ledit certificat de vaines recherches. Le régime d'absence de MAHÉ Robert est donc engagé au terme duquel le tribunal de grande instance pourra déclarer la dissolution du mariage de VAUCOURT Elisabeth et MAHÉ Robert.

Rennes, mai 2016.

Elle replie le papier consciencieusement et le redonne à sa mère…

« Tu vois, ma fille, je n'invente rien. Ce certificat, c'est ce qu'on donne au bout d'un moment aux proches des disparus qu'on n'a jamais retrouvés.

— Il est quand même vachement long, le moment. Si je compte bien, mai 1981-mai 2016, ça fait trente-cinq ans… Ne te moque pas de moi, maman. Ce certificat, je sais très bien ce que c'est. Je me suis renseignée, figure-toi. Ça sert aux familles des disparus pour juridiquement refaire leur vie. Ça sert aussi aux disparus eux-mêmes. On appelle ça le droit à l'oubli… Ce certificat, tu aurais pu le demander il y a bien longtemps déjà. Pourquoi ne l'as-tu pas fait ? Papa n'est pas mort, c'est ça ? »

Elisabeth, furieuse, part chercher son ciré et l'enfile…

« Puisqu'on ne peut pas manger dans cette baraque, je vais déjeuner ailleurs ! »

Avant qu'elle n'ait le temps de franchir le seuil de la maison, Simone lui a barré la route. Elle lui oppose son corps. Et une volonté qu'elle ne s'est jamais vraiment sentie posséder ces trente-cinq dernières années.

« Cette fois, tu ne vas pas partir ! Tu ne vas pas t'en tirer comme ça ! Tu vas me dire la vérité !

— Puisque je te dis que ton père est mort !

— Menteuse ! »

Ce mot. Menteuse. Dans le ventre. Comme une balle de kalachnikov qui envoie sa cible vêtue d'un gilet pare-balles à l'autre bout de la pièce. Une balle qui assomme. Elisabeth a reculé de plusieurs pas. Elle se laisse tomber sur une chaise. Si la chaise n'avait pas été là, elle serait tombée à terre. Petit amas de misère.

« Papa n'est pas mort, c'est ça ? »

Elisabeth a seulement la force de faire « non » de la tête.

« Pourquoi m'as-tu menti pendant toutes ces années ?

— Je ne t'ai pas menti. C'est toi-même qui l'as dit tout à l'heure. J'ai toujours laissé une place à son retour.

— Donc tu savais qu'il était vivant ?

— Je n'en avais pas la preuve. L'intuition, seulement.

— Pourquoi cette histoire de disparition en mer alors ? »

Elisabeth a toujours su qu'un jour ou l'autre…

« Ce n'est pas une histoire… Ton père a bien pris son bateau le 11 mai 81. Il est parti de Concarneau. On ne l'a plus jamais revu. Malgré les recherches. On m'a dit, c'est vrai, qu'il avait peut-être décidé lui-même de se volatiliser…

— Papa a changé de vie, c'est ça ? »

Le silence de sa mère vaut approbation.

« Il s'est barré où ? Aux Bahamas ?

— Non. À Paimpol. »

Simone est prise d'un vertige. Obligée de s'asseoir elle aussi. Elle marmonne cette fois…

« Il a changé de vie à cent cinquante kilomètres d'ici…

— Par la mer, ça fait plus…

— Depuis quand le sais-tu ?

— Que ton père soit vivant, je m'en doutais mais n'en étais pas sûre. En revanche, son hypothétique destination, je ne la connaissais pas. Je te promets… L'autre jour, je suis tombée sur un reportage à la télévision. C'était à Paimpol. Et j'ai vu ton père.

— C'est pour ça que tu es allée à Paimpol ?

— Oui. Je devais vérifier. Les gendarmes m'ont retrouvée devant chez eux. »

Simone fronce les sourcils…

« C'est qui eux ?

— Ma fille, ce n'est pas la mer qui a pris ton père, c'est Jocelyne Ferniot… »

Jocelyne Ferniot avait été brièvement la maîtresse de Jacques, le frère de Robert, cet homme qu'on voyait si peu. On savait à peine où il habitait. Ou ce qu'il faisait de sa vie. Il y avait autant de distance entre Robert et lui qu'entre de vagues cousins éloignés. Tout juste si l'un et l'autre connaissaient leurs années de naissance respectives. On pouvait même se demander s'ils avaient été élevés ensemble. Robert ne disait jamais rien de son frère. Et les gouffres, on le sait, se creusent avec l'érosion du temps.

À l'époque, Elisabeth avait aperçu Jocelyne une fois. Une fois seulement. De loin. Elle l'avait trouvée vulgaire d'apparence. Et puis plus rien. La blonde s'était évanouie dans la nature. Quant à Jacques, son image n'avait pas survécu à la disparition de son frère. Il a disparu du paysage. Ce n'était pas difficile, il l'avait si peu habité.

Simone a besoin de boire un truc fort. Alors elle se lève. Ouvre le placard du meuble à alcools. En sort une bouteille dont elle ne vérifie même pas le contenu. Une bouteille qu'Elisabeth doit cacher là depuis des années. Elle s'en sert un verre. Qu'elle boit cul sec. Le regard de sa mère. Regard de cocker. Implorant. Elle lui en sert un aussi…

« C'est qui Jocelyne Ferniot ? »

Simone remplit à nouveau son petit verre de la boisson brune. Et tire le paquet de cigarettes de secours qui n'a pas bougé depuis des années de ce tiroir dans lequel on met tout ce dont on ne sait que faire mais qu'on ne veut pas jeter.

« Tu te souviens de ton oncle ? Le frère de ton père…

— Vaguement… »

Elle allume une cigarette et aspire une bouffée. Ça lui fait mal mais ça lui fait du bien… Elle se rappelle un peu la longue silhouette d'un homme lors des fausses funérailles de son père. C'est trouble.

« Jocelyne Ferniot a été la maîtresse de ton oncle. Ça n'a pas duré longtemps, je crois… »

Elisabeth boit à son tour. D'un trait aussi. Elle grimace. Une grimace autant due à l'amertume du breuvage qu'au souvenir de Jocelyne Ferniot.

« Une grosse blonde, très mauvais genre… »

L'homme du simulacre de funérailles sort peu à peu du brouillard dans lequel il se trouvait. Son visage se dessine.

C'est encore flou mais Simone distingue maintenant qu'il ressemblait, c'est vrai, à son père. En plus jeune. En plus fin.

« Papa est parti pour l'ancienne maîtresse de son frère, c'est ça ?

— Il faut croire...

— Et l'oncle, il ne t'a jamais rien dit ?

— Non. On n'avait presque pas de rapports avec lui. Ton père et lui ne s'entendaient pas. Je n'ai jamais vraiment su pourquoi. Des trucs d'enfance. Des secrets de famille peut-être. Toutes ces choses tues... Déjà. Depuis la disparition de ton père, je n'ai plus jamais revu Jacques. Il a dû s'exiler ailleurs. Je ne sais même pas s'il est encore en vie...

— Tu ne t'es jamais doutée qu'il se passait quelque chose entre cette femme et papa ?

— Comment aurais-je pu... Je te l'ai dit, je ne l'ai pas fréquentée. Ton père non plus... »

Elisabeth baisse les yeux et reprend, doucement...

« Enfin, c'est ce que je croyais... Les derniers temps, avant le 11 mai, ses sorties en mer étaient plus longues que d'habitude, c'est tout... »

Simone tente de faire accoster son regard aux objets du quotidien. À ce décor qu'elle connaît par cœur. Pour ne pas perdre pied.

« On est loin du naufrage héroïque...

— Abandonner sa femme et sa fille n'a rien d'héroïque mais partir pour une femme de ce genre-là, je t'assure que ça ressemble à un naufrage... »

Elisabeth sort elle aussi une cigarette de son paquet. Et l'allume. La fumée lui irrite les yeux. Elle en pleure. Simone se demande si Jocelyne Ferniot n'est pas aussi responsable de ces larmes.

« Pourquoi as-tu attendu toutes ces années ?

— Parce que j'aimais ton père. Parce que je refusais l'idée qu'il soit mort. Parce que je refusais plus encore qu'il nous ait laissées… Je te demande pardon, Simone. Le 11 mai 81, la mer était bonne. C'est moi qui ai été mauvaise. Une mauvaise mère… »

Dans les jours qui ont suivi, Simone n'a rien dit à personne. Pas même à Yvan. Il a eu la grande délicatesse de ne pas lui poser la question. Elle lui en parlerait plus tard. Il le savait. Ils avaient le temps. Toute la vie devant eux, comme on dit…

Mère et fille se parlèrent peu. Une communication réduite aux choses ménagères. À la quotidienneté de l'existence. Ce n'était pas plus mal. Que dire de toute façon ? Il n'y avait rien à dire. Plus rien à dire. Quand les secrets sont levés, on croit que tout va changer. C'est faux. La destinée s'accomplit, c'est tout. On avance sur une route, certes balisée, mais on ne sait toujours pas où l'on va. On avance et puis voilà. Ce n'est pas forcément désagréable. C'est le lot de tout être humain. Il y aura bien des surprises qui viendront relever la fadeur de la vie. Il faut les attendre. Ne pas les espérer. Juste les attendre. La sérénité a les couleurs des saisons qui se succèdent.

C'est dimanche. Simone époussette la commode du salon. Le cadre avec la photo de son père a disparu. Elle s'en rend compte seulement maintenant. Robert Mahé ne fait plus partie du paysage. Paradoxe. Depuis qu'il a ressuscité, il occupe encore moins l'intimité des deux femmes que lorsqu'il était mort… Elisabeth est assise sur le canapé. Elle lit un magazine.

« Où as-tu mis le cadre, maman ? »

Sans lever les yeux de son article, elle fait semblant de ne pas comprendre.

« Quel cadre ?

— Celui avec la photo de papa ?

— Je l'ai rangé dans un tiroir.

— Que comptes-tu faire avec lui ?

— Je ne veux plus le voir dans le salon…

— Je ne te parle pas du cadre, je te parle de papa… Que comptes-tu faire avec lui ?

— Rien. C'est fini. Pour moi, ton père n'existe plus. »

Pendant des années, Simone a souhaité que sa mère prononce cette phrase. Et maintenant qu'elle la prononce, ça la rend triste…

On sonne. Qui peut sonner un dimanche après-midi ?

« Tu attends quelqu'un, maman ?

— Non, c'est toi qui attends quelqu'un… »

Voyant sa mère ne pas bouger du canapé, Simone se dirige vers l'entrée, son chiffon toujours à la main. Elle regarde par l'œilleton. Et puis elle recule d'un pas. Comme effrayée. Par réflexe, elle demande qui est là…

« Robert Mahé ! »

Prise de panique, elle retourne dans le salon. Elisabeth a forcément entendu la voix grave. C'est une voix qui porte. Pourtant, elle lit toujours son magazine. Comme si de rien n'était.

« Qu'est-ce que je fais, maman ? »

Elisabeth pose la revue et se lève.

« Tu fais ce que tu veux, ma fille. Tu lui ouvres ou tu ne lui ouvres pas… Quand il sera reparti, je serai là. En attendant, je vais aller dans ma chambre. À tout à l'heure… »

Simone met sa main sur la poignée de la porte. Elisabeth commence à monter les escaliers qui la mènent à sa chambre. Avant qu'elle ne s'efface à l'étage, sa fille se retourne…

« Maman ?

— Oui ?

— Ça fait trente-cinq ans que je t'attendais, je suis contente de te voir. »

Elisabeth sourit et disparaît. Simone ouvre la porte…

ÉPILOGUE

Il a coupé le moteur du bateau. Stopper ce bruit. Cette rengaine. Les côtes sont loin maintenant. Il a passé Bréhat. Il veut être à Lanros en fin de journée. On a le temps. À cette saison, le coucher de soleil y est magnifique. Une nappe d'un jaune profond recouvre les plages…

Robert quitte la cabine de pilotage. Il se poste à l'avant de l'embarcation. Il peut enfin écouter l'océan. Les sons mécaniques ne viennent plus brouiller la partition marine. Et respirer en grand aussi. Sans avaler les fumées de gasoil.

Il regarde tout autour de lui. Rien. Même les oiseaux qui s'étaient mis en tête de le suivre à sa sortie du port l'ont abandonné. Le ciel est bleu. Les nuages inexistants. Dans l'immensité de cette platitude, il n'y a plus de repère. Le passé n'existe plus. Le futur est une chimère. C'est bien comme ça.

On entend des pas sur le pont. Des petits pas qui vont vite.

« Attention ! Ne cours pas si vite ! »

Une fillette se jette sur le vieil homme. Il manque de tomber à la renverse. Pourtant le bateau tangue si peu et elle est si légère… Il la fait voltiger quelques secondes dans les airs. Puis la serre contre lui.

« Toi aussi, fais attention, papa ! Clémence n'a que trois ans et je n'ai aucune envie de la voir tomber par-dessus bord ! »

Puis il repose sa petite-fille avec précaution. Elle retourne vers sa mère sans précipitation. Elle fait bien attention à chacun de ses pas. Le vieil homme sourit… Ils seront bien tout à l'heure au coucher de soleil de Lanros.

REMERCIEMENTS

Un écrivain devrait toujours remercier sa femme et son éditeur. Les seuls qui l'aiment suffisamment pour lui dire « Recommence ». Je veux donc ici remercier Amandine Buisson et Jean Le Gall, sans qui ce roman ne serait pas ce qu'il est.

Je tiens aussi à remercier…

Philippe Héraclès, le premier à m'avoir fait confiance.

Benoît Duteurtre et Pascal Praud pour leurs encouragements littéraires.

Clémentine de Solms, Anne de Saint-Pierre et Jean-Benoît Souilh pour m'avoir mis sur la piste bretonne.

Et toute l'équipe du Cherche Midi, Edith, Benoît, Aurélie, Justine, de me supporter… dans tous les sens du terme !

Du même auteur
Au Cherche Midi

La Robe, 2022

#lisez! engagé
www.lisez.com
Pour plus d'information :
Imprimé sur du papier issu de forêts gérées durablement.

Cet ouvrage a été achevé d'imprimer sur Roto-Page
par l'Imprimerie Floch à Mayenne en avril 2024
N° d'édition : 17787/01 – N° d'impression : 104600
Imprimé en France